REFEIÇÕES EXPRESSAS

REFEIÇÕES EXPRESSAS

PRATOS DELICIOSOS PARA PREPARAR ENTRE 5 E 30 MINUTOS

LIZ FRANKLIN

PUBLIFOLHA

Agradecimentos
Agradeço a Grace Cheetham, Nicola Graimes e à equipe da DBP por tornarem este livro tão bonito – e a Toby Scott, Kate Blinman e Clare Hunt pelas belas fotografias. E, com muito carinho, agradeço também a meus pais maravilhosos e a meus três filhos, Chris, Oli e Tim, pelo amor, apoio e estímulo que dão a tudo que faço.

Título original: *Express meals*
Publicado originalmente no Reino Unido e na Irlanda em 2012 pela Duncan Baird Publishers Ltd, 75-76 Wells Street, 6º andar, Londres W1T 3QH

COORDENAÇÃO DO PROJETO: PUBLIFOLHA
Editora-assistente: Vivian Rocha
Coordenação de produção gráfica: Mariana Metidieri

PRODUÇÃO EDITORIAL: EDITORA PÁGINA VIVA
Coordenação editorial: Rosi Ribeiro
Edição: Anna Maria Quirino
Tradução: Paula Marconi de Lima
Consultoria: Adriana Barretto Figueiredo
Revisão: Laura Vecchioli e Bia Mendes
Diagramação: Bianca Galante

EDIÇÃO ORIGINAL: DUNCAN BAIRD PUBLISHERS
Gerente editorial: Grace Cheetham
Editor: Nicola Graimes
Gerente de arte: Manisha Patel
Designer: Gail Jones
Fotografia: Toby Scott
Produção culinária: Kate Blinman
Produção fotográfica: Clare Hunt

Pessoas com restrições alimentares devem ficar atentas aos ingredientes indicados nas receitas.

As fotos deste livro podem conter acompanhamentos ou ingredientes meramente ilustrativos.

Observações sobre as receitas
(exceto se orientado de outra forma):
- Todas as receitas servem 4 pessoas
- Use ovos, frutas e legumes médios
- Use ingredientes frescos, incluindo ervas
- 1 colher (chá) = 5 ml; 1 colher (sopa) = 15 ml; 1 xícara = 250 ml

Dados Internacionais de Catalogação na Publicação (CIP)
(Câmara Brasileira do Livro, SP, Brasil)

Franklin, Liz

Refeições expressas : pratos deliciosos para preparar entre 5 e 30 minutos / Liz Franklin ; [tradução Paula Marconi de Lima]. -- São Paulo : Publifolha, 2012.

Título original: Express meals
ISBN 978-85-7914-416-5

1. Culinária 2. Receitas I. Título.

12-12697 CDD-641.5

Índices para catálogo sistemático:
1. Receitas : Culinária : Economia doméstica 641.59

Este livro segue as regras do Acordo Ortográfico da Língua Portuguesa (1990), em vigor desde 1º de janeiro de 2009.

PUBLIFOLHA
Divisão de Publicações do Grupo Folha
Alameda Barão de Limeira, 401, 6º andar
CEP 01202-900, São Paulo, SP
Tel.: (11) 3224-2186/2187/2197
www.publifolha.com.br

Impresso na Imago, Cingapura.

SUMÁRIO

INTRODUÇÃO

Para a maioria das pessoas, a falta de tempo é sempre um problema. Estamos tão envolvidos com os afazeres e a correria que, muitas vezes, cozinhar fica em segundo plano – a tendência é comprar uma comida pronta a caminho de casa ou comer algo que só precisa ir ao micro-ondas. Mas o preparo de uma refeição rápida e nutritiva não precisa consumir horas nem ser complicado. Na verdade pode ser muito agradável e divertido.

A seleção de receitas de *Refeições expressas* mostra como você pode fazer sua comida desde o início, usando ingredientes frescos e gastando apenas de 5 a 30 minutos. É possível preparar pratos deliciosos no mesmo tempo que você levaria para comprar algo ou esquentar uma comida pronta, e isso é muito gratificante.

Há muito a ganhar quando você resolve se arriscar na cozinha e consegue preparar rapidamente desde um jantar simples até um banquete de encher os olhos para seus amigos. Reunir-se com a família e os amigos para comer, conversar, dar risada e colocar os assuntos em dia é algo maravilhoso. Os aborrecimentos e o estresse do dia a dia diminuem e as conversas são muito mais agradáveis quando nos sentamos para compartilhar uma comida caseira e saborosa em boa companhia.

AS RECEITAS

Uma das características mais importantes deste livro é que as receitas são de refeições equilibradas e "completas". Todas podem ser servidas com o acompanhamento que você desejar, de massa e arroz a batata, grãos ou simplesmente torradas, assim como legumes ou salada. Além disso, cada uma delas pode ser feita do começo ao fim dentro do seu tempo previsto.

Inspirado pela gastronomia de diversos lugares do mundo, este livro traz ideias para estimular o seu apetite. Mais do que nunca, hoje há grande variedade de ingredientes à disposição, de modo que é possível fazer criações como as minhas – por exemplo, versões do Caldo de missô com talharim e salmão picante, do Chilli beans com creme de abacate ou do Peito de frango assado com tomate e mascarpone – com facilidade e em pouquíssimo tempo. Além disso, assumindo o controle da cozinha, você garante que os pratos sejam frescos, saudáveis e sem grande quantidade de sal, açúcar ou outros ingredientes que possam se tornar indesejáveis.

Quanto mais nos damos conta de como uma refeição maravilhosa pode ser preparada gastando-se pouco tempo na cozinha, e da satisfação ao fazer isso, mais nos sentimos entusiasmados e confiantes para cozinhar. Para tanto, reuni diversas receitas muito saborosas e descomplicadas que podem ser feitas com ingredientes simples e fáceis de encontrar – não importa se você quer apenas uma comidinha rápida para depois do trabalho ou um prato mais elaborado.

Quando o tempo é curto, ninguém quer ficar horas no supermercado atrás de ingredientes difíceis de encontrar. Então, em vez de caldos de cozimento longo, molhos complicados ou listas assustadoras de ingredientes, aqui você vai encontrar saladas substanciosas, carnes de dar água na boca, peixes deliciosos e pratos vegetarianos irresistíveis até para quem come carne. E também acrescentei dicas que vão ajudar a fazer de seu tempo na cozinha algo agradável e sem estresse.

DESPENSA BÁSICA

Para um cozinheiro com pressa, uma despensa bem provida é um verdadeiro tesouro. Para facilitar sua vida e fazer receitas bem variadas, abasteça-a com ingredientes que você usa regularmente. Comece jogando fora embalagens abertas de produtos comprados há muito tempo, condimentos com data de validade vencida ou temperos e molhos usados em uma única receita e que agora parecem intragáveis.

A despensa deve ser tratada como parte importante de sua cozinha e não pode parar no tempo. Faça um estoque de produtos básicos a partir dos quais seja possível realizar diversas receitas. Não podem faltar itens essenciais para o preparo de seus pratos favoritos. Ingredientes de primeira necessidade como tomates em lata, legumes embalados a vácuo ou em lata, massas, arroz, lentilhas, grãos de cozimento rápido, macarrão instantâneo, molhos de tomate, pastas para curries, uma seleção de condimentos usados no dia a dia e, nem é preciso dizer, temperos como sal e pimenta-do-reino são indispensáveis.

Tenha sempre à mão azeite extravirgem – um de tipo blend (que mistura variedades de diversos produtores) para cozinhar e um mais especial para regar carnes, peixes, legumes e verduras, assim como para temperar saladas e servir com legumes e pães como tira-gosto antes do jantar.

Vinagre balsâmico e de vinho tinto ou branco são sempre úteis, ao passo que azeitonas, pimentões assados em conserva, corações de alcachofra, alcaparras e anchovas incrementam muitos tipos de pratos.

Para jantares asiáticos, há ingredientes imprescindíveis, como óleos de gergelim e de soja e molhos de peixe e o agridoce de pimenta.

Assim, com um pouco de organização e planejamento, você se prepara para fazer pratos rápidos e saborosos com ingredientes básicos e sem complicação.

COMPRAS INTELIGENTES

Um estilo de vida agitado exige que a maioria das pessoas faça compras da maneira mais rápida e eficiente possível. Para muitos, isso significa ir a lojas grandes e supermercados. Mas, no meio da correria, nem sempre dá tempo, e quem gosta de se aventurar em um supermercado lotado após um longo dia de trabalho?

Lançar mão da internet pode economizar tempo e é muito útil no caso de itens volumosos ou de longa duração, mas isso pode tornar nossos hábitos de compras repetitivos. Para escolher frutas, legumes, verduras, carnes e peixes frescos, o melhor é ir pessoalmente. Às vezes pode ser mais rápido parar num açougue, peixaria ou quitanda de bairro – caso você tenha a sorte de contar com eles. Também convém comprar em feiras ou optar por um sistema de entrega de frutas e verduras. E até os mais ocupados podem plantar sementes em vasinhos e cultivar seu próprio suprimento de ervas frescas – não leva tanto tempo quanto se imagina, além de ser econômico e divertido!

Outra boa ideia é prestar atenção em frutas, verduras e legumes de época na hora de comprar. Assim você diminui os gastos e garante que a comida seja a mais saudável e saborosa possível. Além disso, ao adquirir produtos frescos a granel, evita-se o consumo de embalagens desnecessárias. Também vale pensar sobre os aditivos indesejáveis que geralmente vêm nos produtos embalados, muitos deles relacionados a problemas de saúde. Quando escolhe ingredientes de qualidade e prepara sua própria comida, você tem muito mais controle sobre essas questões fundamentais – e a hora da refeição volta a ser especial, em vez de apenas um momento apressado com o propósito de reabastecer o organismo.

O cozinheiro apressado precisa obter o melhor de seu fornecedor, não importa onde optou por comprar. Quando for adquirir peixe, por exemplo, tanto na peixaria do bairro como no supermercado, solicite que seja escamado, eviscerado e cortado em filés. Peça ao açougueiro para cortar a carne e remover a gordura e os ossos, se necessário. Bons fornecedores gostam de oferecer serviços de qualidade.

SEJA FLEXÍVEL

Ao seguir as receitas deste livro, não hesite em substituir ingredientes. Se não conseguir exatamente o que está especificado ou quiser experimentar um sabor que adora, leve em conta as características do prato e o modo de prepará-lo, em vez de tentar seguir cada detalhe. Assim você pode ajustar e adaptar a receita às suas preferências.

Se houver alguma sugestão de acompanhamento, não se sinta obrigado a utilizar exatamente o que está indicado, principalmente quando se trata de pães, folhas para salada ou legumes. São apenas indicações, e é melhor você seguir suas preferências e trabalhar com os produtos que tiver à mão. Pense em ingredientes que combinem em termos de textura e sabor – embora também deva considerar o tempo de preparo. Não tem sentido, por exemplo, fazer batatas assadas com uma receita do capítulo de 10 minutos. Quanto mais você cozinhar, mais apurados ficarão seu paladar e suas habilidades culinárias, e mais você poderá usar sua intuição.

PREPARE-SE

Se você não é experiente na cozinha, algumas receitas talvez levem um pouco mais de tempo no início, mas basta relaxar e confiar na sua capacidade de fazer pratos atraentes e saborosos que, com certeza, logo fará tudo mais depressa.

Em todos os níveis de habilidade, a palavra de ordem para um cozinheiro apressado é, sem dúvida, "prepare-se". Uma das principais causas de demora (e de frustração) na hora de cozinhar é descobrir, no meio do preparo de um prato, que você não tem tudo de que precisa. Revirar a despensa e a geladeira em busca de um ingrediente importante e descobrir que ele não está lá é algo que, em algum momento, acontece a qualquer pessoa.

Planeje as refeições, resolva o que vai cozinhar, leia a receita inteira antes de começar e deixe à mão todos os ingredientes e utensílios de que precisará. Ser organizado é meio caminho para seu prato dar certo.

Resta-me apenas dizer o seguinte: espero que você goste de cozinhar e dos pratos preparados com as receitas que vêm a seguir tanto quanto eu gostei ao elaborá-las e escrevê-las. Você logo vai descobrir que menos tempo não significa menos sabor.

CINCO MINUTOS PODEM NÃO PARECEM SUFICIENTES PARA PREPARAR E COZINHAR UMA REFEIÇÃO, MAS SÃO. COM INGREDIENTES DELICIOSOS QUE AJUDAM A ECONOMIZAR TEMPO, COMO PEIXES DEFUMADOS, CORTES ESPECÍFICOS DE CARNE E MASSAS FRESCAS, É POSSÍVEL ELABORAR UMA VARIEDADE DE PRATOS DE DAR ÁGUA NA BOCA, COMO ESCALOPE AO MOLHO DE QUEIJO AZUL E TAGLIATELLE COM SALMÃO DEFUMADO.

REFEIÇÕES EM CINCO MINUTOS

SALADA DE FRANGO DEFUMADO, ABACATE E NOZES

O frango defumado dá um toque delicioso e diferente a essa salada, mas você pode trocar por frango assado frio.

1 frango defumado sem pele, desossado e cortado em tiras • 4 punhados de rúcula • 1 abacate (ou 2 avocados) maduro fatiado • 2 punhados de nozes cortadas ao meio

MOLHO: 6 colheres (sopa) de azeite extravirgem • 2 colheres (sopa) de vinagre de vinho tinto • 1 colher (chá) de mostarda de Dijon ou à l'ancienne • uma pitada de açúcar • sal e pimenta-do-reino moída na hora

PARA ACOMPANHAR: pão italiano ou baguete

1 Ponha o frango em uma saladeira grande. Adicione as folhas de rúcula e o abacate e espalhe as nozes por cima.

2 Coloque todos os ingredientes do molho em um recipiente com tampa, tempere com um pouco de sal e pimenta e agite bem até o molho emulsificar. Regue a salada de modo homogêneo e misture. Sirva com fatias de pão italiano ou baguete.

LAMEN DE FRANGO

A pasta tailandesa tom yum, encontrada em lojas de produtos orientais, oferece um sabor versátil para sopas e outros pratos da Tailândia. Ajuste a quantidade de acordo com sua preferência, começando com 1 colher (chá) cheia e adicionando mais a gosto, assim você evita exageros.

1,5 litro de caldo de frango • 1-2 colheres (chá) de pasta tom yum (ou a gosto) • 200 g de filé de peito de frango sem pele, cozido e cortado em tirinhas • 300 g de macarrão bifum • 200 g de ervilhas-tortas • 6 cebolinhas picadas

1 Coloque o caldo de frango em uma panela grande e misture a pasta tom yum. Espere ferver, abaixe o fogo e acrescente o frango e o bifum. Cozinhe em fogo brando por 2 minutos, mexendo de vez em quando para separar o macarrão.
2 Acresente as ervilhas-tortas e a cebolinha à panela e cozinhe por 1 minuto antes de servir.

SALADA DE ESPINAFRE, PRESUNTO CRU E OVOS

O sabor salgado do presunto cru crocante harmoniza-se perfeitamente com o espinafre e os tomates secos. O ovo frito com a gema mole no topo completa esse prato incrivelmente rápido e muito reconfortante. Compre os tomates secos em conserva no supermercado ou em uma boa mercearia.

3 colheres (sopa) de azeite • 4 ovos grandes • 8 fatias de presunto cru • 4 punhados de brotos de espinafre • 300 g de champignons em conserva escorridos • 8 tomates secos em conserva escorridos e picados grosseiramente • 1-2 colheres (chá) de vinagre balsâmico • sal e pimenta-do-reino moída na hora

PARA ACOMPANHAR: baguete

1 Em fogo médio, aqueça o azeite em uma frigideira grande antiaderente. Frite os ovos por 3-4 minutos até as claras ficarem cozidas, mas as gemas permanecerem moles.
2 Enquanto isso, aqueça outra frigideira antiaderente, em fogo médio. Frite o presunto, sem colocar óleo, por 1-2 minutos, virando uma vez, até ficar crocante e dourado.
3 A seguir, ponha o espinafre em uma saladeira grande. Junte os champignons, os tomates secos e o vinagre balsâmico. Tempere com sal e pimenta-do-reino e misture bem.
4 Disponha um ovo frito e duas fatias de presunto sobre cada porção de salada. Sirva com fatias da baguete.

SALADA DE PRESUNTO CRU, PECORINO E FOLHAS VERDES

O presunto salgado e o queijo pecorino combinam muito bem com o sabor doce e ácido do vinagre balsâmico e com as folhas verdes levemente picantes. Você pode usar o presunto cru de sua preferência – o de Parma, o Speck e o San Danielle funcionam muito bem.

4 punhados grandes de folhas verdes variadas (se possível espinafre, rúcula e agrião) • 12 fatias de presunto cru cortadas em tiras • 125 g de pecorino
MOLHO: 6 colheres (sopa) de azeite extravirgem • 2 colheres (sopa) de vinagre balsâmico • sal e pimenta-do-reino moída na hora

PARA ACOMPANHAR: croûtons

1 Ponha as folhas verdes em uma tigela e coloque o presunto cru por cima. Com um descascador de legumes, corte o pecorino em lâminas e adicione à tigela.
2 Para fazer o molho, bata o azeite e o vinagre balsâmico e tempere com o sal e a pimenta-do-reino.
3 Regue a salada com o molho cobrindo de forma homogênea as folhas e misture bem. Sirva com os croûtons.

CINCO DEZ QUINZE VINTE VINTE E CINCO TRINTA MINUTOS

PANINI QUENTE DE MORTADELA

Esses paninis (ou sanduíches) ficam mais gostosos quando servidos quentes, pois a gordura da mortadela garante sabor ao pão, além de umedecê-lo. Quem aprecia comida apimentada talvez goste de um pouco de azeite aromatizado com pimenta.

4 ciabattas pequenas cortadas ao meio • 8 fatias de mortadela • 150 g de pimentões assados em conserva escorridos e cortados em tiras • 1 maço pequeno de agrião • suco de limão-siciliano ou azeite aromatizado com pimenta para regar (opcional)

PARA ACOMPANHAR: salada de folhas variadas

1 Preaqueça uma frigideira ou chapa de fogão em temperatura alta.
2 Grelhe as metades das ciabattas por 1-2 minutos, com a casca para cima, até ficarem levemente tostadas. Vire-as e grelhe por mais 1 minuto.
3 Sobre quatro metades de ciabatta, coloque duas fatias de mortadela, os pimentões e o agrião. Regue com suco de limão ou azeite aromatizado, (se usar). Coloque as outras metades da ciabatta sobre as porções e sirva com a salada de folhas.

PIZZAS DE SALAME NO PÃO PITA

Essas pizzas são ótimas opções para uma refeição improvisada, rápida e substanciosa.

6 colheres (sopa) de passata ou purê de tomate de boa qualidade • ½ colher (chá) de orégano • 4 pães pita • 200 g de muçarela em pedaços • 12 fatias de salame • 1 colher (chá) de azeite extravirgem • algumas folhas picadas do miolo de acelga-japonesa ou brotos de rúcula • sal e pimenta-do-reino moída na hora

PARA ACOMPANHAR: salada de folhas variadas

1 Preaqueça uma frigideira ou chapa de fogão em temperatura alta.
2 Enquanto isso, misture a passata ou o purê de tomate com o orégano. Espalhe colheradas desse molho sobre o pão, de maneira uniforme, mas deixe uma borda. Finalize com a muçarela e o salame e tempere com sal e pimenta-do-reino.
3 Espalhe um fio de azeite sobre cada pizza e grelhe por 2 minutos até o queijo derreter e borbulhar. Distribua um pouco de acelga picada sobre as pizzas e sirva imediatamente com a salada de folhas.

SALADA DE BRESAOLA E ALCACHOFRA

A bresaola é uma iguaria italiana feita de carne bovina magra e curada de maneira muito específica, que resulta em uma carne deliciosa e de pouquíssima gordura. Presunto cru também é uma boa alternativa.

16 fatias de bresaola • 350 g de corações de alcachofra em conserva escorridos • 100 g de parmesão • 1 limão-siciliano cortado em gomos • 2 colheres (sopa) de azeite extravirgem • 1 colher (sopa) de salsinha picada (opcional) • pimenta-do-reino moída na hora

PARA ACOMPANHAR: focaccia com tomate seco e azeite

1 Arrume a bresaola em uma travessa e coloque os corações de alcachofra por cima. Usando um descascador de legumes, fatie o parmesão bem fino e espalhe sobre o prato.
2 Esprema o suco de limão (1-2 gomos ou mais). Arrume os outros pedaços ao redor da travessa. Regue com o azeite e tempere com a pimenta-do-reino. Salpique a salsinha (se usar) e sirva com fatias da focaccia.

ESCALOPE AO MOLHO DE QUEIJO AZUL >

Esse molho cremoso de gorgonzola leva pouquíssimo tempo para ser preparado e fica delicioso com escalopes tenros. Você pode usar outros tipos de queijo azul, como o roquefort, se preferir.

150 g de gorgonzola amassado • 4 colheres (sopa) de vinho branco seco • 3-4 ramos de tomilho • 4 escalopes de filé-mignon • 1 colher (sopa) de azeite • sal e pimenta-do-reino moída na hora

PARA ACOMPANHAR: salada de agrião e pão de nozes

1 Para fazer o molho, coloque o gorgonzola, o vinho e os ramos de tomilho em uma panela pequena. Cozinhe em fogo médio por 2-3 minutos, mexendo regularmente, até o queijo derreter e o molho ficar liso e cremoso. Verifique o sal e tempere com pimenta-do-reino.
2 Enquanto isso, aqueça bem uma frigideira. Pincele os escalopes com azeite, tempere com sal e pimenta-do-reino e grelhe por 1 minuto de cada lado.
3 Coloque o molho sobre os filés e sirva imediatamente com a salada de agrião e o pão de nozes.

SALADA DE ATUM E FEIJÃO-BRANCO

Essa receita fica ótima com o atum enlatado, porém, se quiser melhorá-la ainda mais, procure filés de atum em conserva de azeite.

4 punhados generosos de folhas verdes variadas • 400 g de atum sólido em azeite, escorrido e desmanchado em pedaços grandes • 400 g de feijão-branco cozido e enxaguado • 1 tomate-caqui maduro sem sementes picado grosseiramente • 1 cebola pequena cortada em cubinhos • um punhado de salsinha picada • 4 colheres (sopa) de azeite extravirgem • suco de ½ limão-siciliano (ou a gosto) • sal e pimenta-do-reino moída na hora

PARA ACOMPANHAR: ciabatta com azeitonas

1 Coloque as folhas verdes em uma tigela. Acrescente o atum, o feijão-branco, o tomate, a cebola e a salsinha.
2 Misture o azeite e o suco de limão e regue a salada. Tempere com sal e pimenta-do-reino e mexa delicadamente. Sirva com fatias da ciabatta.

< CARPACCIO DE ATUM COM MOLHO DE ALCAPARRAS

Quanto mais gelado estiver o atum, mais fácil será cortá-lo em fatias finíssimas. Você também pode pedir para fatiar na peixaria.

6 colheres (sopa) de azeite extravirgem • um punhado de alcaparras dessalgadas e escorridas • 300 g de lombo de atum para sushi, bem gelado, cortado em fatias finas • suco de ½ limão-siciliano • quatro punhados de folhas de rúcula

PARA ACOMPANHAR: gomos de limão-siciliano e pão integral

1 Aqueça bem 2 colheres (sopa) de azeite em uma frigideira pequena antiaderente. Adicione as alcaparras e refogue por cerca de 30 segundos, até ficarem inchadas. Retire-as e seque em papel-toalha.
2 Enquanto isso, distribua as fatias de atum em quatro pratos.
3 Ponha as alcaparras em uma tigela e misture bem ao restante do azeite e ao suco de limão. Coloque o molho sobre o atum.
4 Finalize cada porção com um punhado de folhas de rúcula e um gomo de limão. Sirva com fatias do pão integral.

TAGLIATELLE COM SALMÃO DEFUMADO

Essa é uma opção de jantar elegante. Como a preparação consome pouco tempo, você fica livre para aproveitar a companhia dos convidados.

500 g de tagliatelle fresco • 100 ml de creme de leite fresco • raspas de 1 limão-siciliano • 1 colher (sopa) de cebolinha-francesa picada • 250 g de fatias de salmão defumado • sal e pimenta-do-reino moída na hora

PARA ACOMPANHAR: salada de brotos de espinafre

1 Ferva água com sal em uma panela grande e cozinhe o tagliatelle seguindo as intruções da embalagem, ou até ficar *al dente*.
2 Enquanto isso, aqueça em uma panela grande o creme de leite, as raspas de limão e a cebolinha por apenas 1 minuto. Tempere com sal e pimenta-do-reino.
3 Com um pegador de macarrão, transfira a massa para a panela do molho e mexa. Acrescente o salmão e misture. Sirva imediatamente com a salada de brotos de espinafre.

SALADA DE TRUTA DEFUMADA, ERVILHAS-TORTAS E ABACATE

Repleta de sabor e rica em vitaminas e gorduras boas, essa salada é uma opção de jantar muito saudável e de preparação rápida.

8 filés de truta defumada sem pele desfiados em pedaços grandes • 2 punhados de ervilhas-tortas cozidas • 1 abacate (ou 2 avocados) maduro cortado em fatias finas • suco de 1 limão • 4 colheres (sopa) de azeite extravirgem • pimenta-do-reino moída na hora

PARA ACOMPANHAR: pão de grãos

1 Coloque a truta, as ervilhas-tortas e o abacate em uma tigela.
2 Adicione o suco de limão e regue com o azeite. Tempere com pimenta-do-reino e misture delicadamente. Sirva com fatias do pão de grãos.

SALADA DE VIEIRAS TOSTADAS E BROTO DE ALFAFA

Para essa salada muito saborosa, adquira vieiras frescas de uma peixaria confiável – as congeladas normalmente incham com a água e tendem a diminuir de tamanho quando cozidas.

4 colheres (sopa) de azeite extravirgem • 12 vieiras grandes frescas • ½ colher (chá) de pasta de gengibre • ½ colher (chá) de açúcar • uma pitada de pimenta-calabresa em flocos • suco de 1 limão • quatro punhados de brotos de alfafa • um punhado de ervilhas-tortas pré-cozidas • sal marinho

PARA ACOMPANHAR: gomos de limão e baguete

1 Em fogo alto, aqueça 1 colher (sopa) de azeite em uma frigideira. Tempere as vieiras com sal e doure-as por 1 minuto de cada lado.
2 Misture a pasta de gengibre, o açúcar, a pimenta, o suco de limão e o restante do azeite.
3 Arrume os brotos de alfafa e as ervilhas-tortas em uma tigela e cubra com o molho, misturando bem. Sirva as vieiras imediatamente com a salada, os gomos de limão e as fatias da baguete.

LULA CÍTRICA COM PIMENTA

Leve e saborosa, essa receita é uma ótima opção para ser servida com salada de folhas e ervas variadas. Como alternativa, uma salada de vegetais crocantes ao estilo oriental também fica uma delícia.

12 lulas limpas e temperadas, cortadas em anéis de 5 cm; reserve os tentáculos também temperados • 2-3 colheres (sopa) de azeite • ½ colher (chá) de pimenta-calabresa em flocos (ou a gosto) • 2 cebolinhas finamente cortadas • suco de 1 limão • 1 colher (sopa) de folhas de coentro picadas • sal e pimenta-do-reino moída na hora

PARA ACOMPANHAR: gomos de limão, salada de folhas com ervas variadas e pão italiano

1 Com a ponta de uma faca afiada, faça marcas em formato de losangos sobre a lula.
2 Em fogo alto, aqueça o azeite em um wok ou uma frigideira grande. Refogue os pedaços e os tentáculos da lula por 1 minuto. Acrescente a pimenta-calabresa e a cebolinha e cozinhe por mais 1 minuto, até a carne ficar opaca.
3 Adicione o suco de limão com sal e pimenta-do-reino. Espalhe o coentro sobre a lula e sirva com os gomos de limão, a salada de folhas com ervas variadas e fatias do pão italiano.

CAMARÃO-TIGRE COM ALHO E FEIJÃO-BRANCO

Esse é um prato principal saboroso e completo, em que só é preciso aquecer levemente o molho de tomate e o alho.

1 tomate-caqui maduro ou 2 tomates grandes sem semente picados grosseiramente • 4 colheres (sopa) de azeite extravirgem • 2 dentes de alho amassados • 450 g de camarão-tigre ou camarão-rosa descascados e cozidos • 400 g de feijão-branco cozido e enxaguado• um punhado de salsinha picada • sal e pimenta-do-reino moída na hora

PARA ACOMPANHAR: salada de rúcula e baguete

1 Ponha o tomate, o azeite e o alho e uma panela antiaderente e aqueça por 1 minuto, mexendo de vez em quando.
2 Coloque os camarões em uma tigela e junte o feijão-branco.
3 Despeje o molho quente sobre eles, tempere com sal e pimenta-do-reino e acrescente a salsinha. Sirva com a salada de rúcula e fatias da baguete.

CABELO DE ANJO COM CARANGUEJO >

De preparo rápido, delicada e muito especial, essa mistura de carne de caranguejo e cabelo de anjo resulta em uma refeição deliciosa.

450 g de macarrão cabelo de anjo • 2 colheres (sopa) de azeite extravirgem • raspas de 1 limão-siciliano • 450 g de carne de caranguejo cozida • 1 colher (sopa) de salsinha picada • sal e pimenta-do-reino moída na hora

PARA ACOMPANHAR: gomos de limão-siciliano e salada de folhas variadas

1 Ferva água com sal em uma panela e cozinhe o cabelo de anjo conforme a orientação da embalagem ou até ficar *al dente*; escorra.
2 Enquanto isso, misture o azeite e as raspas de limão.
3 Despeje esse molho sobre a massa e acrescente a carne de caranguejo e a salsinha. Mexa delicadamente até misturar tudo e tempere com sal e pimenta. Sirva com os gomos de limão e a salada.

< CAMARÕES SALTEADOS COM ERVILHAS

Superconveniente, a pasta de gengibre pode ser adquirida em alguns supermercados e em lojas de alimentos orientais.

300 g de macarrão de arroz • 2 colheres (sopa) de óleo de girassol • 4 cebolinhas picadas grosseiramente, incluindo a parte branca • 4 punhados de ervilhas-tortas • 2 punhados generosos de broto de alfafa • 200 g de ervilhas congeladas • 400 g de camarão graúdo, com casca na cauda • 2 colheres (sopa) de pasta de gengibre • 2 colheres (chá) de mel • suco de 1 limão • um punhado de folhas de coentro

PARA ACOMPANHAR: gomos de limão

1 Coloque o talharim em uma tigela e cubra com água fervente. Mexa e reserve, tampado, por 3 minutos, até ficar macio.
2 Enquanto isso, aqueça o óleo de girassol em um wok ou uma frigideira funda, em fogo alto. Refogue a cebolinha, as ervilhas-tortas, os brotos de alfafa e as ervilhas congeladas por 2 minutos.
3 Acrescente os camarões, misture a pasta de gengibre, o mel e o suco de limão. Aqueça bem por mais 1 minuto.
4 Escorra o macarrão e transfira-o para o wok, acrescente o coentro e misture bem. Sirva com os gomos de limão.

CAMARÕES PICANTES COM TOMATE PELADO

Tomates pelados em lata têm um valor enorme na despensa e estão entre os meus ingredientes preferidos para preparar grande variedade de pratos rápidos; a despensa fica incompleta sem eles.

1 colher (sopa) de azeite • 1 dente de alho amassado • 1 colher (chá) de sementes de erva-doce • 400 g de tomate pelado em lata escorrido e cortado em quatro • ½ colher (chá) de açúcar • 450 g de camarões grandes • 200 g de feta amassado • sal e pimenta-do-reino moída na hora

PARA ACOMPANHAR: salada de folhas verdes e pão pita

1 Em fogo médio, aqueça o azeite em uma frigideira antiaderente grande. Frite o alho e as sementes de erva-doce por 30 segundos.
2 Adicione os tomates e o açúcar, tempere com sal e pimenta e refogue por 2 minutos, até os tomates começarem a se desfazer.
3 Junte os camarões e o feta e aqueça por mais 1 minuto. Sirva com a salada de folhas verdes e o pão pita.

SALADA DE MUÇARELA DE BÚFALA, TOMATE E RÚCULA

O segredo do sucesso dessa salada está na qualidade do queijo e do azeite – use muçarela de búfala e um bom azeite extravirgem frutado, e o resultado será deliciosamente irresistível.

4 tomates-caquis cortados em fatias finas • 400 g de muçarela de búfala escorrida e cortada em pedaços • 4 punhados de folhas de rúcula • 3-4 colheres (sopa) de azeite extravirgem frutado • sal e pimenta-do-reino moída na hora

PARA ACOMPANHAR: focaccia

1 Coloque os tomates em uma travessa grande, sobrepondo a ponta das fatias. Disponha a muçarela e a rúcula de forma harmônica e bonita sobre os tomates.
2 Despeje um fio de azeite sobre a salada e tempere com sal e pimenta-do-reino. Sirva com fatias da focaccia.

SALADA DE FIGOS E MUÇARELA DE BÚFALA COM MOLHO QUENTE DE VINO COTTO >

Figos frescos e muçarela fazem uma combinação maravilhosa, principalmente se você usar uma boa muçarela de búfala. No lugar do vino cotto (procure em butiques gourmets), você pode preparar uma redução de vinagre balsâmico para valorizar ainda mais o prato.

6 figos maduros e firmes cortados em quatro • 400 g de muçarela de búfala escorrida e cortada em pedaços • 2 punhados grandes de folhas de rúcula • 4 colheres (sopa) de azeite extravirgem • 1-2 colheres (sopa) de vino cotto ou redução de vinagre balsâmico • um punhado pequeno de manjericão verde ou roxo e ramos de salsinha • sal e pimenta-do-reino moída na hora

PARA ACOMPANHAR: ciabatta com azeitonas

1 Arrume os figos em uma travessa e junte a muçarela. Espalhe a rúcula sobre a salada.
2 Aqueça levemente o azeite e o vino cotto (ou a redução de balsâmico) em uma pequena panela. Tempere com sal e pimenta.
3 Despeje o molho quente sobre a salada e salpique o manjericão e a salsinha. Sirva com fatias da ciabatta.

TORRADAS DE QUEIJO DE CABRA COM RELISH DE MIRTILOS

O queijo de cabra, quando grelhado até derreter, combina particularmente bem com esse picante e frutado relish de mirtilos.

12 fatias de baguete • 500 g de queijo de cabra tipo Chabichou cortado em 12 fatias • 2 colheres (sopa) de azeite extravirgem • pimenta-do-reino moída na hora

RELISH DE MIRTILOS: 250 ml de geleia de mirtilos ou de uma boa geleia de framboesas com pouquíssimo açúcar • 1 cebola pequena fatiada finamente • raspas e suco de 1 laranja-pera

PARA ACOMPANHAR: salada de rúcula e agrião

1 Preaqueça uma frigideira ou chapa de fogão em temperatura alta.
2 Grelhe as fatias de baguete de um lado por 1-2 minutos, até ficarem levemente tostadas. Coloque uma fatia do queijo no lado não tostado. Regue com azeite e tempere com pimenta. Leve ao fogo por mais 2 minutos ou até o queijo começar a derreter.
3 Enquanto isso, ponha a geleia de mirtilos ou de framboesas em uma tigela, junte a cebola e as raspas e o suco da laranja.
4 Disponha três torradinhas em cada prato e coloque colheradas do relish ao redor. Sirva com a salada de rúcula e agrião.

QUEIJO GRELHADO COM MOLHO RÁPIDO DE TOMATE

O queijo grego haloumi parece ter sido feito para esse prato, mas, se você tiver algum outro tipo de sua preferência que possa ser grelhado (a exemplo do queijo de coalho), utilize-o. Meu produtor de queijos local faz uma variedade maravilhosa com pimenta-malagueta – é picante e fica delicioso servido dessa maneira.

3 colheres (sopa) de azeite extravirgem • 3 dentes de alho picados grosseiramente • 400 g de tomates-cereja cortados ao meio • um fio de vinho branco ou água • 8 folhas de manjericão pequenas • 500 g de queijo haloumi (ou coalho) seco cortado em 12 fatias • sal e pimenta-do-reino moída na hora

PARA ACOMPANHAR: salada de folhas mistas e pão italiano

1 Em fogo alto, aqueça o azeite em um wok ou uma frigideira antiaderente grande. Refogue o alho e os tomates por 3 minutos, amassando-os com um garfo, de vez em quando.
2 Adicione o vinho e o manjericão, tempere com sal e pimenta e cozinhe por mais 1 minuto.
3 Enquanto isso, aqueça outra frigideira antiaderente grande, em fogo alto. Grelhe as fatias de haloumi (ou coalho) por 1 minuto de cada lado, até ficarem macias e levemente douradas.
4 Sirva o queijo com o molho imediatamente, acompanhado da salada e do pão.

LINGUINE COM ALCAPARRAS E LIMÃO-SICILIANO

500 g de linguine, espaguete ou tagliatelle fresco • 100 g de manteiga • raspas e suco de 1 limão-siciliano • uma pitada de açúcar • 2 colheres (sopa) de alcaparras dessalgadas e escorridas • um punhado de salsinha picada • sal e pimenta-do-reino moída na hora

PARA ACOMPANHAR: salada de folhas variadas

1 Ferva água com sal em uma panela grande e cozinhe o linguine seguindo as instruções da embalagem, ou até ficar *al dente*.

2 Enquanto isso, derreta a manteiga em uma panela pequena, em fogo baixo. Junte o suco do limão, o açúcar e as alcaparras e mexa. Tempere com sal e pimenta; mantenha aquecido.

3 Escorra a massa, despeje-a na panela e misture à manteiga com limão. Salpique as raspas de limão e a salsinha. Sirva com a salada.

MACARRÃO PICANTE RÁPIDO

Macarrão instantâneo ou talharim fresco são ingredientes maravilhosos para cozinheiros apressados. Os amendoins dão crocância e um sabor incrível, além de fornecerem muita proteína a esse prato. Será um dos preferidos da família.

2 colheres (chá) de caldo de legumes em pó ou em tablete • 250 g de macarrão instantâneo ou talharim fresco • 6 colheres (sopa) de azeite • três punhados de ervilhas-tortas cortadas em três • uma pitada de pimenta-calabresa em flocos • 1 dente de alho cortado ao meio • 2-3 colheres (sopa) de molho de soja • 200 g de amendoins torrados triturados grosseiramente

1 Ferva 600 ml de água em uma panela grande. Junte o caldo de legumes, misture e deixe ferver novamente.
2 Coloque o macarrão, mexa e cozinhe por 2-3 minutos ou até ficar macio.
3 Enquanto isso, aqueça o azeite em um wok ou uma frigideira antiaderente grande, em fogo médio. Junte as ervilhas-tortas, a pimenta e o alho e refogue por 1 minuto. Retire o alho.
4 Escorra o macarrão, leve-o ao wok e acrescente o molho de soja. Misture bem e sirva salpicado com os amendoins.

FEIJÃO-BRANCO COM TORRADA

Essa receita de família é ótima opção para um jantar fantástico e reforçado – é um dos pratos rápidos preferidos do meu filho caçula.

800 g de feijão-branco cozido e enxaguado • 3 dentes de alho amassados • 5 colheres (sopa) de azeite extravirgem frutado • um punhado de salsinha picada • 8 fatias de pão italiano tipo filão ou pão integral • sal e pimenta-do-reino moída na hora

PARA ACOMPANHAR: salada de folhas variadas

1 Preaqueça uma frigideira ou chapa de fogão em temperatura alta.
2 Ponha o feijão em uma panela com o alho e 3 colheres (sopa) de azeite. Cozinhe em fogo médio por 3-4 minutos, mexendo de vez em quando, até ficar macio. Junte a salsinha, misture e tempere com sal e pimenta-do-reino.
3 Enquanto isso, grelhe as fatias de pão dos dois lados, até ficarem levemente tostadas. Passe um pouco do azeite sobre as torradas e finalize com o feijão. Despeje o azeite restante e sirva imediatamente com a salada.

É DIFÍCIL IMAGINAR A POSSIBILIDADE DE VOCÊ SE SENTAR PARA SABOREAR UM LAKSA DE CAMARÃO CREMOSO E AROMÁTICO OU UM FUMEGANTE ENSOPADO DE GRÃO-DE-BICO, BACON E ESPINAFRE PREPARADOS EM APENAS 10 MINUTOS. CONTUDO, A PARTIR DAS RECEITAS A SEGUIR, EM MUITO POUCO TEMPO PODERÃO SER FEITOS DIVERSOS PRATOS SABOROSOS E FRESCOS.

REFEIÇÕES EM DEZ MINUTOS

SALTEADO DE FRANGO COM MANJERICÃO

Qualquer prato refogado ou salteado, geralmente em um wok, costuma ser associado a ingredientes asiáticos, mas esse é um prato italiano simples, com frango, tomates, azeitonas e manjericão fresco, que fica excelente quando preparado no wok.

400 g de risoni ou orzo (massa em formato grande de grão de arroz) • 600 g de filé de peito de frango em tirinhas • 2 colheres (sopa) de azeite • 300 g de tomates-cereja cortados ao meio • um punhado de azeitonas pretas sem caroço • um punhado de folhas de manjericão • suco de ½ limão-siciliano (ou a gosto) • 30 g de manteiga • sal e pimenta-do-reino moída na hora

PARA ACOMPANHAR: salada de folhas verdes

1 Ferva água com sal em uma panela grande. Cozinhe o risoni por 5-6 minutos, até ficar *al dente*.
2 Enquanto isso, tempere o frango com sal e pimenta. Em fogo alto, aqueça o azeite em um wok ou uma frigideira antiaderente grande. Salteie o frango por 4-5 minutos, até começar a dourar.
3 Acrescente os tomates e as azeitonas e refogue por mais 3 minutos, até o frango ficar cozido. Junte o manjericão e o suco de limão e mexa. Ajuste o tempero a gosto.
4 Escorra o risoni, misture com a manteiga e sirva com o salteado de frango e a salada verde.

PERU SALTEADO AO MOLHO DE COCO

O talharim de arroz é o toque perfeito para este salteado simples mergulhado em molho de coco picante e cremoso.

3 colheres (sopa) de azeite • 600 g de peito de peru fresco cortado em tirinhas • 150 ml de leite de coco • 1 colher (chá) de caldo de legumes em pó ou ½ tablete • 1 colher (sopa) de pasta de curry vermelho ou verde • 300 g de macarrão de arroz ou bifum • 150 g de ervilhas-tortas • um punhado de coentro picado

1 Em fogo alto, aqueça o azeite em um wok ou uma frigideira antiaderente grande. Refogue o peito de peru por 4-5 minutos, até começar a dourar.
2 Acrescente o leite de coco, o caldo de legumes e a pasta de curry. Mexa bem. Deixe levantar fervura, abaixe o fogo e cozinhe por 1 minuto.
3 Coloque o macarrão e as ervilhas-tortas, misture bem e cozinhe por mais 2 minutos, até o peito peru ficar totalmente cozido, e o molho encorpar um pouco. Adicione um pouco de água se o molho parecer muito seco. Misture o coentro e sirva.

ESPAGUETE À CARBONARA

O pecorino sardo, queijo de leite de ovelha da Sardenha, é usado tradicionalmente no molho carbonara autêntico, mas o parmesão ralado é ótimo substituto para quem tem pressa. Utilize a água fervente da chaleira para cozinhar a massa mais depressa.

6 ovos • 100 g de parmesão ralado, mais um pouco para servir • 1 colher (sopa) de azeite • 200 g de bacon em manta ou pancetta bem picado • 2 dentes de alho fatiados • 500 g de espaguete • sal e pimenta-do-reino moída na hora

PARA ACOMPANHAR: salada de folhas variadas

1 Bata os ovos e o parmesão e tempere com sal e pimenta.
2 Em fogo médio, aqueça o azeite em uma frigideira antiaderente grande. Frite o bacon e o alho por 4-5 minutos, até dourarem.
3 Enquanto isso, despeje a água fervente da chaleira em uma panela grande, coloque sal e cozinhe o espaguete até ficar *al dente*. Escorra a massa.
4 Devolva a massa à panela e, enquanto ainda está bem quente, acrescente o bacon e os ovos com o queijo. Misture bem. A massa deve estar quente o suficiente para cozinhar ligeiramente os ovos. Se não estiver, leve a panela ao fogo baixo por alguns segundos, mexendo sem parar – se demorar muito, os ovos podem virar ovos mexidos.
5 Sirva a massa com mais parmesão e a salada de folhas.

ENSOPADO DE GRÃO-DE-BICO, BACON E ESPINAFRE

Ótimos para ter sempre à mão na despensa, tomates-cereja em lata dão uma textura agradável, além de sabor, a molhos, sopas e ensopados. Se não encontrá-los, tomates pelados ou mesmo tomates-cereja frescos também funcionam.

3 colheres (sopa) de azeite • 2 dentes de alho amassados • 200 g de bacon fatiado • 600 ml de caldo de legumes • 400 g de tomates em lata • 800 g de grão-de-bico cozido e enxaguado • três punhados grandes de broto de espinafre • sal e pimenta-do-reino moída na hora

1 Em fogo médio-alto, aqueça o azeite em uma panela grande. Frite o alho e o bacon por 2-3 minutos, mexendo regularmente, até o bacon começar a ficar crocante.
2 Acrescente o caldo de legumes, os tomates e o grão-de-bico. Deixe levantar fervura, abaixe o fogo e cozinhe em fogo brando por 2-3 minutos, mexendo de vez em quando, até reduzir um pouco o caldo.
3 Misture o espinafre e cozinhe por mais 1 minuto, até começar a murchar. Tempere com sal e pimenta e sirva imediatamente.

LOMBO DE PORCO COM ALHO E GENGIBRE

Carne de porco, alho e gengibre combinam perfeitamente. Para o sabor ficar ainda melhor, adicione um pouco de mel e limão.

1 dente de alho amassado • 1 colher (chá) de pasta de gengibre • 600 g de lombo de porco cortado em tiras • 2 colheres (sopa) de azeite • 2 colheres (sopa) de mel • suco de 1 limão • 2 colheres (chá) de molho de peixe (nam pla) • um punhado de folhas de coentro picadas • 250 g de talharim • 1 colher (sopa) de óleo de gergelim • sal e pimenta-do-reino moída na hora

1 Misture o alho e a pasta de gengibre. Acrescente o lombo, tempere com sal e pimenta e mexa até a carne ficar incorporada nessa pasta.
2 Em fogo alto, aqueça o azeite em um wok ou uma frigideira antiaderente grande. Refogue a carne por 5 minutos ou até ficar cozida. Misture o mel, o suco de limão e o molho de peixe e cozinhe por mais 1 minuto, mexendo regularmente, até a carne ficar dourada e com brilho. Adicione o coentro.
3 Enquanto isso, ferva água com sal em uma panela grande e cozinhe o talharim por 7-8 minutos, até ficar macio. Escorra, misture com o óleo de gergelim e sirva com o lombo de porco.

CARNE PICANTE EM FOLHAS DE ALFACE >

Escolha uma carne moída magra de boa qualidade para obter um ótimo resultado. O kecap manis (tipo de molho de soja adocicado usado na Indonésia, preparado com melado e temperado com alho, anis-estrelado e outros condimentos) pode ser encontrado em lojas de produtos orientais, mas, se você tiver dificuldade para achar, use um molho de soja escuro e acrescente 1 colher (sopa) de açúcar mascavo.

3 colheres (sopa) de azeite • 1 cebola picada • 2 dentes de alho fatiados • 400 g de carne magra moída (patinho, por exemplo) • 100 ml de kecap manis (ou o molho de soja escuro adoçado) • ½ colher (chá) de pimenta-calabresa em flocos • 1 colher (chá) pasta de gengibre • 2 colheres (sopa) de açúcar mascavo • 2 colheres (sopa) de ketchup • um punhado de folhas de coentro picadas • 8 folhas grandes de alface-americana

PARA ACOMPANHAR: pão sírio ou naan

1 Em fogo alto, aqueça o azeite em um wok ou uma frigideira antiaderente grande. Refogue a cebola e o alho por 30 segundos. Adicione a carne moída e refogue por 5 minutos, até ficar marrom.
2 Misture o kecap manis, a pimenta-calabresa, a pasta de gengibre, o açúcar e o ketchup. Cozinhe por mais 2 minutos, acrescente o coentro e mexa.
3 Para finalizar, coloque colheradas da carne nas folhas de alface e sirva com o pão sírio ou naan.

FILÉ CARIBENHO COM MAIONESE DE MANGA

Adoro servir esse filé ao estilo caribenho com o pão indiano peshwari naan porque me lembra o maravilhoso pão de coco encontrado no Caribe. O naan tradicional é uma boa alternativa (assim como o pão sírio), se você não encontrar o peshwari.

6 colheres (sopa) de azeite • 1 cebola roxa pequena ou 1 cebola comum pequena • 1 dente de alho descascado • 1 colher (chá) de pimenta-da-jamaica • um pitada de noz-moscada em pó • uma pitada de canela • 1 colher (chá) de tomilho seco • uma pitada de pimenta-calabresa em flocos • 1 colher (sopa) de açúcar mascavo • 2 colheres (sopa) de rum escuro • 450 g de de carne bovina magra (filé-mignon, contra-filé ou patinho), cortada em tirinhas • 150 g de maionese • 2 colheres (sopa) de chutney de manga

PARA ACOMPANHAR: peshwari naan ou pão sírio e salada de folhas variadas

1 Coloque 4 colheres (sopa) de azeite no liquidificador e acrescente a cebola, o alho, a pimenta-da-jamaica, a noz-moscada, a canela, o tomilho, a pimenta-calabresa, o açúcar mascavo e o rum. Bata até formar uma pasta, depeje essa mistura em uma tigela e acrescente a carne. Mexa até a carne ficar incorporada à marinada.
2 Em fogo alto, aqueça o restante do azeite em um wok ou uma frigideira antiaderente grande. Salteie a carne por 3-4 minutos, até cozinhar.
3 Misture a maionese e o chutney de manga. Sirva a carne com a maionese de manga, o pão e a salada.

ESCALOPE DE VITELA COM LIMÃO-SICILIANO E MANJERICÃO >

Esse é um prato simples mas maravilhoso, se você usar carne de vitela de qualidade (procure um bom fornecedor).

4 escalopes de vitela finos com aproximadamente 175 g cada • 2 colheres (sopa) de azeite • 2 dentes de alho fatiados finamente • um punhado de folhas de manjericão • suco de 1 limão-siciliano • sal e pimenta-do-reino moída na hora

PARA ACOMPANHAR: gomos de limão-siciliano, pão italiano e salada de ervas

1 Tempere a carne de vitela com sal e pimenta. Em fogo alto, aqueça o azeite em uma frigideira antiaderente grande. Refogue a vitela por 2 minutos de cada lado, até ficar parcialmente dourada.
2 Abaixe o fogo, acrescente o alho e o manjericão e refogue por mais 1 minuto. Tire a panela do fogo e esprema o limão.
3 Leve a panela de volta ao fogo e deixe dourar por 2 minutos.
4 Coloque o molho que ficar na panela sobre os escalopes e sirva com gomos de limão, fatias do pão italiano e a salada.

BRUSCHETTAS COM SARDINHA GRELHADA

Essa versão bem especial de sardinhas na torrada compõe, com uma salada, uma refeição leve, nutritiva e deliciosa.

16 filés de sardinha fresca • 2 colheres (sopa) de azeite, mais um pouco para regar • suco de 1 limão-siciliano • 4 fatias grandes de pão multigrãos • 1 dente de alho cortado ao meio • 2 ramos de tomilho • sal e pimenta-do-reino moída na hora

PARA ACOMPANHAR: gomos de limão e salada de tomate

1 Preaqueça uma frigideira ou chapa de fogão em temperatura alta.
2 Tempere os filés de sardinha com sal e pimenta e coloque-os com a pele para cima na frigideira. Despeje um fio de azeite sobre elas e esprema o limão. Grelhe as sardinhas por 3-4 minutos, até cozinharem totalmente.
3 Enquanto isso, aqueça uma frigideira em temperatura alta. Grelhe o pão por 1 minuto de cada lado ou até escurecer um pouco. Esfregue o alho com firmeza sobre as torradas. Regue com o restante do azeite e esfregue o tomilho.
4 Coloque 4 filés de sardinha sobre cada torrada e sirva com gomos de limão e salada de tomate.

SALMÃO TOSTADO COM RELISH DE PEPINO

Esse é um ótimo prato para o dia a dia, mas pode muito bem ser servido em um jantar especial. Como acompanhamento delicioso e diferente, sugiro o cuscuz israelense – seus grãos irresistíveis e maiores levam poucos minutos para cozinhar –, mas também se pode usar o marroquino.

300 g de cuscuz israelense ou marroquino • suco de 1 limão-siciliano grande • 4 colheres (sopa) de azeite • um punhado de salsinha picada • 4 filés de salmão sem pele com aproximadamente 175 g cada • 1 pepino grande descascado, sem sementes e cortado em cubos • um punhado de folhas de hortelã picadas finamente • ½ colher (chá) de açúcar • 4 colheres (sopa) de vinagre de vinho branco • sal e pimenta-do-reino moída na hora

1 Cozinhe o cuscuz em água fervente com sal por 6-8 minutos, até ficar macio. Escorra e misture metade do suco de limão, metade do azeite e a salsinha. Reserve. Se for usar o cuscuz marroquino, coloque-o em uma tigela, regue com 500 ml de água fervente ou caldo de legumes, cubra com filme de PVC por 5 minutos e em seguida solte os grãos com um garfo.
2 Enquanto o cuscuz cozinha, tempere os filés de salmão com sal e pimenta. Aqueça em fogo médio-alto o restante do azeite em uma frigideira antiaderente grande. Grelhe o salmão por 3-4 minutos de cada lado até cozinhar, mas ainda ficar levemente opaco no centro.
3 Enquanto isso, faça o relish: ponha o pepino em uma tigela, misture a hortelã, o açúcar e o vinagre; tempere a gosto.
4 Coloque o restante do suco de limão sobre o salmão e sirva com o relish de pepino e o cuscuz.

WRAPS GRELHADOS DE SALMÃO DEFUMADO

Esses wraps são excelentes para uma refeição simples no meio da semana, servidos com uma salada de folhas variadas.

250 g de cream cheese • 4 tortilhas grandes, pão sírio ou pão folha • 6 cebolinhas picadas finamente • 250 g de salmão defumado em fatias • 8 tomates secos em conserva de azeite escorridos e picados • um punhado de dill (endro) sem os talos • 2 colheres (sopa) de azeite

PARA ACOMPANHAR: salada de folhas variadas

1 Passe o cream cheese nas tortilhas e distribua a cebolinha sobre elas. Disponha as fatias de salmão homogeneamente sobre as tortilhas e coloque os tomates secos e o dill por cima.
2 Dobre para dentro os lados de cada tortilha e enrole para formar um canudo longo. Corte as tortilhas ao meio, na diagonal.
3 Enquanto isso, aqueça uma frigideira grande em fogo médio. Grelhe os wraps por 2-3 minutos, virando uma vez, até aquecer totalmente. (Pode ser que você precise fazer isso em duas rodadas.) Sirva quente com a salada.

SPIEDINI DE ATUM E TOMATE-CEREJA

Spiedini é o termo italiano para espetinhos de carne ou peixe, assados em churrasqueira, na grelha ou, como aqui, em uma frigideira grande. O atum fresco fica perfeito quando preparado desse modo. Serão necessários oito espetinhos.

suco de 1 limão-siciliano • 450 g de lombo de atum cortado em 24 cubos de aproximadamente 3 cm • 300 g de tomates-cereja • 6 colheres (sopa) de azeite • quatro punhados grandes de folhas variadas para salada • 1 abacate fatiado • 2 colheres (sopa) de mix de sementes ou gergelim tostado • 2 colheres (sopa) de vinagre balsâmico • sal e pimenta-do-reino moída na hora

PARA ACOMPANHAR: ciabatta

1 Esprema o limão sobre o atum e tempere com sal e pimenta. Divida os pedaços de atum igualmente entre os espetinhos, alternando cada cubo com um tomate-cereja.
2 Em fogo alto, aqueça 2 colheres (sopa) de azeite em uma frigideira grande. Grelhe os espetinhos por 3-4 minutos, virando várias vezes, até o atum dourar, e os tomates ficarem macios e com algumas bolhas.
3 Enquanto isso, ponha as folhas para salada em uma tigela e acrescente o abacate e as sementes. Despeje o restante do azeite e o vinagre balsâmico e misture bem. Sirva dois espetinhos por pessoa com a salada e fatias da ciabatta.

LAKSA DE CAMARÃO >

Esse é um dos meus pratos rápidos preferidos porque não requer medidas muito exatas e você pode variar os legumes e vegetais – ou até usar mais, dependendo do que você dispuser. Adquira a pasta pronta para laksa em supermercados ou lojas de produtos orientais.

400 ml de leite de coco • 400 ml de caldo de frango • 2 colheres (sopa) de pasta para laksa • um punhado de tomates-cereja cortados ao meio • um punhado de ervilhas-tortas • 400 g de camarões grandes com casca só na cauda • 300 g de macarrão de arroz ou bifum • 1 maço de coentro com as folhas picadas grosseiramente

1 Despeje o leite de coco e o caldo de frango em uma panela, dissolva a pasta para laksa e cozinhe por 5 minutos em fogo médio, mexendo de vez em quando.
2 Misture o tomate, as ervilhas-tortas, os camarões e o macarrão. Cozinhe por mais 2 minutos ou até aquecer totalmente. Adicione o coentro, mexa e sirva.

LULA FRITA COM MOLHO DE LIMÃO E COENTRO

Preciso admitir que faço mais que as quantidades indicadas aqui porque sou apaixonada por lulas douradinhas com limão.

3 colheres (sopa) de farinha de trigo • 450 g de lula fatiada em anéis • 125 ml de azeite extravirgem • suco de 1 limão • uma pitada de açúcar • 1 colher (sopa) de folhas de coentro picadas • sal e pimenta-do-reino moída na hora

PARA ACOMPANHAR: pão integral e salada de rúcula

1 Coloque a farinha em uma tigela e tempere com sal e pimenta. Mergulhe os anéis de lula nessa mistura até cobri-los.
2 Em fogo alto, aqueça 2 colheres (sopa) de azeite em uma frigideira antiaderente grande. Frite a lula por 3 minutos, até ficar crocante e dourada.
3 Enquanto isso, coloque o restante do azeite em uma panela pequena e junte o suco de limão, o açúcar e o coentro. Tempere a gosto e aqueça em fogo brando até aquecer totalmente.
4 Deixe a lula escorrer em papel-toalha. Sirva com o molho quente, o pão e a salada de rúcula.

LULA CROCANTE COM AÏOLI

Eu adoro lula coberta por uma casquinha dourada e crocante até mais que da versão empanada em farinha de trigo, que é servida tradicionalmente em muitos restaurantes de estilo mediterrâneo. Para o aïoli, escolha uma maionese de boa qualidade.

12 lulas médias fatiadas em anéis de 5 cm, preservando os tentáculos • 6 colheres (sopa) de farinha de rosca bem branquinha • 1 clara de ovo levemente batida • 4 colheres (sopa) de azeite • sal e pimenta-do-reino moída na hora

AÏOLI: 150 g de maionese • 2 dentes de alho bem picados • suco de ½ limão-siciliano

PARA ACOMPANHAR: gomos de limão-siciliano, salada de folhas variadas e baguete

1 Com a ponta de uma faca afiada, faça marcas em formato de losango sobre a carne da lula.

2 Coloque a farinha de rosca em um prato grande e tempere com sal e pimenta. Mergulhe rapidamente a lula, incluindo os tentáculos, na clara de ovo e, em seguida, cubra com a farinha temperada.

3 Em fogo alto, aqueça o azeite em uma frigideira antiaderente grande. Frite a lula por 1 minuto de cada lado, até ficar crocante e dourada. (Talvez você precise fritar em duas rodadas.).

4 Enquanto isso, misture a maionese, o alho e o suco de limão. Sirva a lula com o aïoli, os gomos de limão, a salada e fatias da baguete.

VIEIRAS PICANTES COM LIMÃO-SICILIANO

Compre as maiores vieiras que encontrar, e você vai adorar esse prato. Levemente condimentadas, elas são grelhadas e servidas com salada quente de lentilhas. Se você não encontrar lentilhas embaladas a vácuo, pode usar a versão em lata, mas escorra bem.

2 colheres (chá) de pasta de curry vermelho • 1 colher (chá) de açúcar • suco de 1 limão-siciliano • 6 colheres (sopa) de azeite • 16 vieiras frescas grandes • 800 g de lentilhas embaladas a vácuo ou em lata • um punhado de folhas de coentro picadas

PARA ACOMPANHAR: salada de brotos de espinafre crus

1 Junte a pasta de curry, o açúcar e metade do suco de limão com 2 colheres (sopa) de azeite. Espalhe a mistura sobre as vieiras.

2 Coloque o que sobrar dessa mistura em uma panela pequena, adicione outra colher (sopa) de azeite e aqueça em fogo baixo.

3 Enquanto isso, ponha as lentilhas em uma panela. Junte 2 colheres (sopa) de azeite e o suco de limão restante. Aqueça por 2-3 minutos; mantenha quente.

4 Em fogo alto, aqueça o restante do azeite em uma frigideira grande. Refogue as vieiras por 1 minuto de cada lado, até ficarem tostadas por fora, mas ainda suculentas e opacas no centro.

5 Despeje-as sobre as lentilhas. Coloque uma colherada do molho picante em volta das vieiras e salpique coentro. Sirva com a salada de brotos de espinafre crus.

OVOS MEXIDOS COM ASPARGOS FRESCOS

Essa é uma receita clássica, indicada para ser servida na temporada de aspargos, curta mas especial.

250 g de aspargos cortados em pedaços de 2,5 cm • 10 ovos grandes levemente batidos • 4 colheres (sopa) de creme de leite fresco (opcional) • 30 g de manteiga • 8 fatias de pão italiano ou integral • sal e pimenta-do-reino moída na hora

1 Em fogo alto, preaqueça uma frigideira grande.
2 Ferva água em uma panela, coloque o aspargo e cozinhe por 2-3 minutos, até ficar *al dente*. Escorra e mantenha aquecido.
3 Enquanto isso, tempere os ovos batidos com sal e pimenta e misture-os ao creme de leite (se usar).
4 Em fogo médio, derreta metade da manteiga em uma frigideira antiaderente de fundo grosso. Despeje os ovos e deixe por 3 minutos, mexendo continuamente, até ficarem levemente firmes, mas úmidos.
5 Ao mesmo tempo, grelhe os dois lados das fatias de pão, até ficarem ligeiramente tostadas, e espalhe o restante da manteiga sobre elas.
6 Misture dois terços dos aspargos com os ovos. Coloque os ovos e os aspargos restantes sobre as torradas e sirva imediatamente.

OVOS À FLORENTINA >

Uma torrada crocante com espinafre ao limão e um ovo poché com a gema mole compõem um prato sensacional, considerando a simplicidade e a rapidez da preparação.

40 g de manteiga • quatro punhados de brotos de espinafre crus • suco de ½ limão-siciliano • um fio de vinagre de vinho branco • 4 ovos grandes • 4 fatias de pão integral • sal e pimenta-do-reino moída na hora

1 Em fogo alto, preaqueça uma chapa de fogão.
2 Em fogo médio, derreta metade da manteiga em uma frigideira antiaderente grande. Acrescente o espinafre e refogue por 3 minutos, até murchar. Tempere com sal, pimenta e suco de limão a gosto.
3 Em uma panela pequena, coloque água até a metade, de modo que, ao colocar o ovo, ele fique com a gema descoberta. Aqueça a água até quase o ponto de fervura, adicione o vinagre e mexa com uma colher. Quebre um ovo de cada vez em um pires e deslize-o para a água. Deixe-os imersos na por 2 minutos, em fogo baixo, e espere que fiquem firmes.
4 Enquanto os ovos cozinham, grelhe os dois lados das fatias de pão até dourarem levemente e espalhe o restante da manteiga. Coloque um pouco de espinafre e um ovo poché sobre cada torrada. Acrescente uma pitada de pimenta-do-reino (se desejar) e sirva.

CUSCUZ MARROQUINO COM HORTELÃ E SALADA DE FETA >

Esse é um prato vegetariano incrivelmente rápido, saudável e delicioso.

300 g de cuscuz marroquino • 500 ml de caldo quente de legumes • 1 pepino pequeno em cubos • 4 tomates maduros picados grosseiramente • 1 maço de cebolinhas fatiadas na diagonal • um punhado generoso de azeitonas pretas sem caroço • um punhado de folhas de hortelã rasgadas grosseiramente • 250 g de feta amassado • sal e pimenta-do reino moída na hora

1 Coloque o cuscuz em uma tigela e despeje o caldo quente para cobri-lo. Mexa, tampe e reserve por 4-5 minutos, tempo para o caldo ser absorvido. Com um garfo, solte os grãos.
2 Acrescente o pepino, o tomate, a cebolinha, as azeitonas e a hortelã; misture bem. Tempere com sal e pimenta. Acrescente o feta e mexa delicadamente, até obter uma mistura homogênea.

OVOS FRITOS PICANTES SOBRE BRUSCHETTAS DE TOMATE

Ovos fritos em azeite apimentado ganham um toque especial, enquanto as torradas adquirem um novo sabor quando friccionadas com tomates frescos.

6 colheres (sopa) de azeite • 1-2 pimentas-malaguetas secas picadas • 4 ovos grandes • 4 fatias grossas de pão italiano tipo filão • 2 tomates maduros cortados ao meio • sal e pimenta-do-reino moída na hora

PARA ACOMPANHAR: salada de agrião e rúcula

1 Em fogo alto, aqueça uma chapa de fogão.
2 Em fogo médio, aqueça o azeite em uma frigideira antiaderente grande. Espalhe a pimenta na panela e, em seguida, quebre os ovos nessa mistura. Frite-os por 2-3 minutos, jogando colheradas do azeite da frigideira sobre eles, até que as claras fiquem firmes, e as gemas continuem moles.
3 Enquanto isso, grelhe os dois lados das fatias de pão até ficarem levemente douradas. Esfregue a parte cortada dos tomates em um dos lados das torradas e tempere com sal e pimenta.
4 Coloque os ovos sobre as torradas e regue com um pouco do azeite apimentado da frigideira. Sirva com a salada de agrião e rúcula.

SALADA DE HALOUMI, PISTACHES E MELANCIA

A combinação doce-salgado/crocante-macio do queijo grelhado com a melancia e o pistache é indescritível. Um bom toque de pimenta-do-reino moída na hora dá mais um diferencial. Também fica ótimo com queijo de coalho.

½ melancia pequena sem sementes cortada em cubos de 3 cm • dois punhados de pistaches sem casca nem sal • 500 g de queijo haloumi ou de coalho cortado em cubos • suco de ½-1 limão (ou a gosto) • um punhado de folhas de hortelã • pimenta-do-reino moída na hora

PARA ACOMPANHAR: gomos de limão, pão pita e salada verde crocante

1 Ponha os cubos de melancia em uma travessa grande e espalhe os pistaches por cima.
2 Em fogo alto, aqueça uma frigideira grande. Grelhe o queijo por 2 minutos, virando com frequência, até dourar. Espalhe-o sobre a melancia e acrescente o suco de limão, a gosto.
3 Finalize com as folhas de hortelã e tempere com pimenta. Enquanto o queijo está quente, sirva com os gomos de limão, o pão pita e a salada.

SALADA DE ROQUEFORT, RÚCULA E PÃO PITA

O roquefort fica sublime nessa salada, mas você pode substituí-lo por gorgonzola.

2 colheres (sopa) de azeite extravirgem • 2 dentes de alho apenas descascados • 2 pães pita cortados em pedaços • quatro punhados de rúcula • 250 g de roquefort cortado em pedaços pequenos (aproximadamente 3 cm) • 3 talos de aipo finamente cortados na diagonal • 6 figos secos picados grosseiramente • um punhado de avelãs tostadas e picadas
MOLHO: 6 colheres (sopa) de azeite extravirgem • 3 colheres (sopa) de vinagre balsâmico • 1 dente de alho amassado • sal e pimenta-do-reino moída na hora

1 Em fogo alto, aqueça o azeite em uma frigideira antiaderente grande. Frite o alho e o pão por 2 minutos, virando ocasionalmente ou até o pão ficar dourado. Retire-o da frigideira, tempere com sal e pimenta e reserve. Descarte o alho.
2 Ponha a rúcula em uma saladeira e espalhe o roquefort por cima. Em seguida, acrescente o aipo, o figo, as avelãs e o pão pita frito.
3 Coloque todos os ingredientes do molho em um recipiente com tampa e agite até o azeite e o vinagre ficarem bem incorporados. Tempere a gosto. Regue a salada com o molho, misture delicadamente e sirva em seguida.

SALADA DE PÊSSEGOS E FETA COM MOLHO DE LIMÃO

Essa salada é repleta de sabores frescos do verão. A combinação de frutas, vegetais, queijo e lentilhas compõe uma refeição completa e bem equilibrada. Em vez de lentilhas, você pode empregar quinoa (oferecida em lojas de produtos naturais e até supermercados), se preferir.

4 punhados de vagem comum ou vagem-macarrão aparada • 800 g de lentilhas verdes ou comuns em lata enxaguadas• 4 pêssegos maduros e firmes sem caroço fatiados • 250 g de corações de alcachofra em conserva de azeite escorridos • 450 g de feta cortado em pedaços de aproximadamente 3 cm • um punhado de pistaches sem casca • um punhado de folhas de hortelã
MOLHO: 6 colheres (sopa) de azeite extravirgem • suco de 1 limão • ½ colher (chá) de açúcar • sal e pimenta-do-reino moída na hora

1 Ferva água em uma panela e coloque as vagens. Cozinhe por 2-3 minutos, até ficarem levemente macias. Escorra e transfira para uma saladeira.
2 Acrescente as lentilhas, os pêssegos, os corações de alcachofra, o queijo, os pistaches e a hortelã.
3 Coloque todos os ingredientes do molho em um recipiente com tampa e agite até o azeite e o suco de limão ficarem misturados. Despeje o molho sobre a salada, mexa bem e sirva.

SPAGHETTINI COM ALHO E AZEITE PICANTE

O spaghettini é pouca coisa mais fino que o espaguete; por isso, cozinha em menos tempo. Você pode usar outra massa fresca se tiver dificuldade para encontrar o spaghettini.

450 g de spaghettini • 6 colheres (sopa) de azeite • 1 pitada de pimenta-calabresa em flocos • 1 dente de alho cortado ao meio • 50 g de parmesão ralado • sal e pimenta-do-reino moída na hora

PARA ACOMPANHAR: salada de folhas picantes, como rúcula e agrião

1 Ferva água com sal em uma panela e cozinhe o macarrão por 7-8 minutos, ou até ficar *al dente*.
2 Enquanto isso, coloque o azeite em uma frigideira antiaderente grande e junte a pimenta. Acrescente o alho e aqueça por 3-4 minutos, até os sabores se soltarem. Descarte o alho.
3 Com um pegador de macarrão, transfira a massa para a frigideira com o azeite picante e misture bem. Sirva com o parmesão ralado e a salada.

PENNE COM PARMESÃO, SÁLVIA E PIMENTA >

O parmesão dá um sabor delicioso à massa, mas eu também adoro a ricota siciliana (ricota seca) ralada sobre um prato tão simples. Esse queijo defumado tem um toque a mais que o parmesão; então, se encontrá-lo, vai valer a pena.

500 g de penne fresco • 30 g de manteiga • 2 dentes de alho fatiados finamente • um punhado de folhas de sálvia • 1 colher (chá) de pimenta verde em grãos em salmoura escorrida e amassada • 50 g de queijo parmesão ou ricota ralados • alguns ramos de salsinha • sal

PARA ACOMPANHAR: salada de folhas variadas

1 Ferva água com sal em uma panela e cozinhe o penne por 2-3 minutos, ou até ficar *al dente*.
2 Enquanto isso, derreta a manteiga em uma panela pequena em fogo baixo. Acrescente o alho e a sálvia e deixe os sabores se soltarem enquanto a massa cozinha.
3 Escorra o penne e retorne à panela. Despeje a manteiga com sálvia e misture bem. Junte os grãos de pimenta e mexa. Salpique o parmesão e a salsinha e sirva com a salada.

TALHARIM COM TOFU E MOLHO HOISIN PICANTE

Com frequência, faço esse prato para um jantar rápido em dias de semana. O tofu, feito de soja, é ótima fonte de proteínas e cálcio, além de absorver muito bem os sabores; por isso, a combinação de gengibre, pimenta-calabresa e molho hoisin compõe um prato saudável e saboroso.

250 g de talharim fresco ou macarrão instantâneo • 1 colher (sopa) de óleo de gergelim • 4 colheres (sopa) de óleo de amendoim ou girassol • 500 g de tofu firme cortado em cubos • 5 cm de gengibre fresco sem casca picado • 2 dentes de alho fatiados • 1 maço de cebolinha picada • 300 g de agrião • 1½ colher (chá) de pimenta-calabresa em flocos • 2 colheres (sopa) de molho hoisin (de frutos do mar) • 3 colheres (sopa) de caldo de legumes ou água

1 Ferva água com sal e cozinhe o talharim por 2-3 minutos, até amaciar. Escorra e enxague em água corrente filtrada. Misture o óleo de gergelim.
2 Enquanto isso, aqueça 2 colheres (sopa) de óleo de amendoim ou girassol em uma frigideira antiaderente grande, em fogo alto. Doure o tofu por 3 minutos; mantenha aquecido.
3 Em fogo médio-alto, aqueça o restante do óleo em um wok ou uma frigideira antiaderente grande. Refogue o gengibre e o alho por 30 segundos.
4 Junte metade da cebolinha, o agrião, a pimenta e o talharim. Refogue por 2 minutos, ponha o molho hoisin e o caldo de legumes e misture até aquecer.
5 Sirva o talharim com o tofu e o restante das cebolinhas.

CINCO DEZ QUINZE VINTE VINTE E CINCO TRINTA MINUTOS

PENNE COM RÚCULA E PARMESÃO

Essa massa simples é uma opção para o verão. Para uma variação deliciosa, você pode acrescentar um pouco de ricota fresca antes de colocar a rúcula.

500 g de penne fresco • 3 colheres (sopa) de azeite • dois punhados de folhas de rúcula • 100 g de parmesão ralado • raspas bem finas de 1 limão-siciliano (opcional) • sal e pimenta-do-reino moída na hora

PARA ACOMPANHAR: salada de tomate

1 Ferva água com sal em uma panela e cozinhe o penne por 2 minutos, ou até ficar *al dente*. Escorra a massa e retorne à panela.
2 Acrescente o azeite, a rúcula, o parmesão e as raspas de limão (se usar) e mexa. Tempere com pimenta e aqueça por 1 minuto até a rúcula murchar. Sirva com a salada de tomate.

LASANHA ABERTA DE RICOTA

Essa receita prova que não é preciso complicar a preparação de molhos, quando se tem pouco tempo. Ela só leva ingredientes simples e um pouco de imaginação.

12 folhas de massa de lasanha fresca com 12 x 10 cm • 600 g de tomate maduro tipo italiano sem sementes picado grosseiramente • 4 colheres (sopa) de azeite • um punhado de folhas de manjericão, mais um pouco para servir • 450 g de ricota • sal e pimenta-do-reino moída na hora

PARA ACOMPANHAR: salada de rúcula

1 Ferva água com sal em uma panela e cozinhe a massa por 2-3 minutos, ou até ficar *al dente*. Escorra.
2 Enquanto isso, coloque os tomates em uma tigela e misture o azeite e o manjericão. Tempere com sal e pimenta e reserve.
3 Sobre quatro pratos, coloque uma folha de lasanha e cubra com molho de tomate. Ponha mais uma folha sobre o molho. Espalhe três quartos de ricota e cubra com outra folha. Acrescente mais uma camada da mistura e finalize com o restante da ricota.
4 Regue a lasanha e em volta dela com o suco dos tomates que restou na tigela; tempere generosamente com pimenta. Espalhe folhas de manjericão e sirva com a salada de rúcula.

PIZZA MARGHERITA DE PIADINA

Piadinas são pães italianos muito parecidos com tortilhas de farinha; então, se você não encontrar as originais, troque-as por pão sírio.

8 piadinas de farinha pequenas • 125 ml de passata ou purê de tomate • 1 colher (chá) de orégano • 200 g de muçarela de búfala escorrida e cortada em pedaços • 1-2 colheres (sopa) de azeite • 8-10 folhas de manjericão rasgadas grosseiramente • sal e pimenta-do-reino moída na hora

PARA ACOMPANHAR: salada de folhas variadas com radicchio

1 Preaqueça o forno a 200°C.
2 De duas em duas, coloque uma piadina sobre a outra para fazer quatro bases de pizza. Coloque-as em duas assadeiras. Misture a passata e o orégano e espalhe homogeneamente sobre as bases.
3 Coloque a muçarela por cima, regue com azeite e tempere com sal e pimenta. Salpique o manjericão e asse por 5 minutos, até a muçarela derreter e começar a dourar. Sirva com a salada.

ENTRE ALGUNS DOS DELICIOSOS PRATOS DESTE CAPÍTULO ESTÃO UMA VERSÁTIL SALADA DE FRANGO COM GERGELIM; UM ENCORPADO CALDO DE MISSÔ COM TALHARIM E SALMÃO PICANTE; E UM EXÓTICO PATO COM GENGIBRE. ALÉM DE SEREM MUITO FÁCEIS DE PREPARAR, TAMBÉM ESBANJAM SABOR. UMA REFEIÇÃO DELICIOSA NÃO PRECISA LEVAR HORAS PARA FICAR PRONTA.

REFEIÇÕES EM QUINZE MINUTOS

ESPETINHOS DE FRANGO COM GUACAMOLE >

Para quem gosta de comida picante, é possível acrescentar ao guacamole um toque de azeite com pimenta-malagueta. Tomate em cubos e coentro picado também são ótimos complementos. Você vai precisar de doze espetinhos.

600 g de peito de frango em tiras • 2 colheres (sopa) de azeite • 2 colheres (sopa) de folhas de coentro picadas • sal e pimenta-do-reino moída na hora
GUACAMOLE: 2 abacates maduros • 1 dente de alho amassado • suco de 1 limão • 2 colheres (sopa) de azeite extravirgem • raspas de 1 limão

PARA ACOMPANHAR: tortilhas, gomos de limão e salada de folhas variadas

1 Coloque as tiras de frango nos espetinhos de modo sanfonado. Pincele com 1 colher (sopa) de azeite e tempere com sal e pimenta.
2 Em fogo médio-alto, aqueça o azeite restante em uma frigideira grande. Grelhe os espetinhos por 8-10 minutos, virando de vez em quando, até cozinhar e dourar.
3 Enquanto isso, faça o guacamole. Coloque a polpa do abacate em uma tigela e amasse com o alho. Misture o suco de limão e o azeite e tempere a gosto. Espalhe metade das raspas de limão sobre a pasta.
4 Distribua o coentro e o restante das raspas sobre os espetinhos. Sirva com o guacamole, as tortilhas, os gomos de limão e a salada.

SOPA DE FRANGO E COCO

O leite de coco dá um sabor inigualável a essa sopa, e, quando combinado com os vegetais carnudos da culinária oriental, resulta em uma sopa substanciosa e saborosa – uma refeição perfeita, fácil e completa.

400 ml de leite de coco • 600 ml de caldo de frango • 6 cebolinhas cortadas na diagonal • 150 g de minimilhos • 250 g de peito de frango cozido desfiado • 1 cenoura cozida picada • 150 g de ervilhas-tortas • um punhado de folhas de coentro picadas • sal e pimenta-do-reino moída na hora

1 Coloque o leite de coco e o caldo de frango em uma panela grande e ferva. Abaixe o fogo, acrescente as cebolinhas e os minimilhos e cozinhe em fogo brando por 2 minutos.
2 Adicione o frango, a cenoura, as ervilhas-tortas e o coentro, tempere com sal e pimenta e aqueça. Sirva imediatamente.

SALADA DE FRANGO COM GERGELIM

O gergelim faz uma deliciosa cobertura crocante e dourada para tirinhas de frango. Eu também gosto de servir esse prato como finger food em festas, com um molho agridoce de pimenta.

1 ovo • 100 g de gergelim • 450 g de peito de frango em tiras • 3 colheres (sopa) de azeite • quatro punhados de brotos de feijão • 1 maço pequeno de cebolinha picada grosseiramente • 2 cenouras cortadas em tiras finas • 250 g de tomates-cereja cortados ao meio

MOLHO: suco de 1 limão • 1 colher (chá) de mel • 4 colheres (sopa) de azeite

1 Bata o ovo em uma tigela e coloque o gergelim em um prato. Mergulhe as tiras de frango no ovo, escorra o excesso e passe-as sobre o gergelim até ficarem levemente cobertas.

2 Em fogo alto, aqueça o azeite em um wok ou uma frigideira antiaderente grande. Frite o frango por 5 minutos, virando uma vez, até dourar e cozinhar totalmente; transfira para um prato com papel-toalha.

3 Enquanto isso, coloque os brotos de feijão, a cebolinha, a cenoura e os tomates em uma tigela para servir.

4 Misture os ingredientes do molho, espalhe sobre a salada, mexa bem e sirva a salada com o frango por cima.

PATO COM GENGIBRE

Mantenha o gengibre fresco guardando-o, descascado, no freezer. Não é preciso descongelar antes de usar, pois pode-se ralar congelado mesmo.

600 ml de caldo de legumes ou de frango • 4 colheres (sopa) de geleia de laranja • 1 dente de alho amassado • 3 colheres (sopa) de shoyu • 2 colheres (chá) de molho de peixe (nam pla) • um pedaço de gengibre de 2,5 cm ralado • 2 colheres (sopa) de amendoim salgado triturado (opcional) • 4 peitos de pato em tiras • 250 g de macarrão instantâneo • 3 colheres (sopa) de óleo de girassol • 500 g de legumes variados (como cenouras, brócolis, ervilhas-tortas) para refogar

1 Ferva o caldo em uma panela grande.

2 Enquanto isso, ponha a geleia em uma tigela, junte o alho, o shoyu, o molho de peixe e o gengibre. Acrescente o amendoim (se usar) e mexa bem. Mergulhe as tiras de pato na mistura de modo que fiquem totalmente cobertas.

3 Acrescente o macarrão ao caldo fervente e cozinhe por 3-4 minutos ou até ficar macio, depois escorra.

4 Enquanto isso, aqueça 2 colheres (sopa) de óleo de girassol em um wok ou uma frigideira antiaderente grande, em fogo médio-alto. Refogue os legumes por 2 minutos até ficarem macios, retire-os da panela e mantenha-os aquecidos.

5 Aqueça o restante do azeite e refogue o pato por 3-4 minutos até dourar e começar a cozinhar (a carne deve ficar levemente rosada no centro). Sirva os legumes e o pato sobre o macarrão.

PANCETTA ENVOLTA EM PROVOLONE COM SALADA DE ESPINAFRE

O provolone embrulhado com a pancetta e o espinafre picante compõem um ótimo jantar informal acompanhado de uma taça de vinho tinto.

450 g de provolone cortado em tiras de 7,5 x 2,5 cm • 150 g de pancetta fatiada • 2 colheres (sopa) de azeite • 8 tomates secos em azeite • quatro punhados grandes de brotos de espinafre crus • 2 colheres (sopa) de pinholes tostados • 1 abacate maduro e firme fatiado • 1 colher (sopa) de vinagre balsâmico • sal e pimenta-do-reino moída na hora

PARA ACOMPANHAR: ciabatta com azeitonas

1 Enrole uma fatia de pancetta em cada pedaço de provolone. Em fogo alto, aqueça o azeite em uma frigideira antiaderente grande. Frite o queijo por 40 segundos, virando uma vez, ou até começar a dourar e ficar crocante. Deixe escorrer em um prato com papel-toalha.
2 Enquanto isso, escorra os tomates secos, reserve o azeite e corte-os ao meio.
3 Coloque o espinafre num travessa e acrescente os pinholes, os tomates secos e o abacate.
4 Misture 4 colheres (sopa) do azeite do tomate com o vinagre balsâmico e tempere com sal e pimenta. Regue a salada com esse molho e misture para incorporar tudo de modo homogêneo.
5 Sirva o queijo sobre a salada com fatias da ciabatta ao lado.

CARNE DE PORCO COM LIMÃO E CAPIM-LIMÃO

Compre uma carne de porco magra de boa qualidade e cozinhe em fogo alto, mexendo sempre. Você vai preparar uma deliciosa carne dourada e levemente crocante.

2 colheres (sopa) de azeite • 1 talo de capim-limão picado • 1 cebola picada • 2 dentes de alho amassados • 1 talo de aipo picado • 450 g de carne de porco moída • 150 g de ervilhas-tortas • 150 g de minimilhos • 250 g de talharim fresco ou macarrão instantâneo • suco de 1 limão grande • sal e pimenta-do-reino moída na hora

1 Em fogo alto, aqueça o azeite em um wok ou uma frigideira antiaderente grande. Refogue o capim-limão, a cebola, o alho, o aipo e a carne por 8 minutos, mexendo regularmente, até a carne ficar dourada. Tempere com sal e pimenta.
2 Acrescente as ervilhas-tortas e os minimilhos e refogue por mais 2 minutos, até a carne estar cozida.
3 Enquanto isso, ferva água com sal em uma panela e cozinhe o talharim por 3-4 minutos ou até ficar macio. Escorra.
4 Misture o suco de limão à carne e sirva sobre o talharim.

MIGAS CON CHORIZO

"Migas" é a palavra do espanhol para "farinha de rosca" ou "migalhas de pão" e, na versão mais básica, esse tradicional prato rústico é feito de restos de pão amanhecido frito em um pouco de gordura de porco. No entanto, cada região tem sua própria adaptação; esta é a minha.

2 colheres (sopa) de azeite • 3 dentes de alho fatiados • 3 fatias grossas de pão francês sem casca cortadas em cubos de aproximadamente 3 cm • 300 g de chorizo (linguiça picante) fatiado em pedaços de aproximadamente 2 cm • 200 g de pimentões em conserva escorridos e fatiados • 1 maço de salsinha picada • sal e pimenta-do-reino moída na hora

PARA ACOMPANHAR: salada de rúcula

1 Em fogo baixo, aqueça o azeite em uma frigideira antiaderente grande. Refogue o alho por 2 minutos, até o azeite ficar aromatizado. Acrescente o pão, aumente um pouco o fogo e frite por 3-4 minutos, até dourar completamente.

2 Misture o chorizo e frite por 3-4 minutos, mexendo sempre, até a linguiça ficar bem quente e começar a chiar. Junte os pimentões e refogue por mais 1 minuto. Tempere com sal e pimenta e espalhe a salsinha por cima. Sirva com a salada de rúcula.

LINGUIÇA E FEIJÃO-BRANCO FRITOS >

O feijão-branco e a linguiça picante são bons parceiros nesse jantar rápido, que não exige mais que um bom pão com casquinha crocante e uma salada verde para se tornar uma refeição substanciosa e saborosa.

3 colheres (sopa) de azeite • 1 cebola fatiada finamente • 800 g de tomate em lata escorrido e picado • ½ colher (chá) de açúcar • 800 g de feijão-branco em lata enxaguado • 225 g de linguiça picante fatiada ou picada • um pouco de salsinha • sal e pimenta-do-reino moída na hora

PARA ACOMPANHAR: salada verde e baguete

1 Em fogo alto, aqueça o azeite em uma frigideira antiaderente grande. Frite a cebola por 2-3 minutos, mexendo até ficar macia.

2 Acrescente os tomates e o açúcar, tempere com sal e pimenta e misture o feijão e a linguiça. Deixe ferver, abaixe o fogo e cozinhe em fogo brando por 10 minutos, mexendo de vez em quando, até reduzir e engrossar.

3 Espalhe a salsinha e sirva com salada verde e fatias da baguete.

ESPETINHOS DE CARNE DE PORCO COM ERVAS

Esses espetinhos são feitos em uma frigideira grande, mas também ficam ótimos como churrasco. A carne de frango fica igualmente deliciosa quando preparada desta maneira. Você vai precisar de 16 espetinhos.

4 bifes finos de carne de porco sem osso nem gordura cortados em 4 tiras longas (lombo ou pernil) • 4 colheres (sopa) de azeite • 2 dentes de alho amassados • 2 colheres (sopa) de alecrim fresco picado • raspas e suco de 1 limão-siciliano • sal e pimenta-do-reino moída na hora

PARA ACOMPANHAR: salada de rúcula e pão sírio

1 Coloque as tiras de carne nos espetinhos de modo sanfonado e deixe em um prato raso.
2 Misture 3 colheres (sopa) de azeite com o alho, o alecrim, o suco e as raspas de limão e espalhe sobre os espetinhos. Tempere com sal e pimenta e vire os espetinhos para envolvê-los.
3 Em fogo alto, aqueça o restante do azeite em uma frigideira grande. Grelhe os espetinhos por 3 minutos de cada lado, até ficarem bem cozidos. (Pode ser preciso fazer isso em duas levas) Sirva com a salada de rúcula e o pão sírio.

< FILÉ DE CORDEIRO COM MOLHO DE AMORAS

O sabor forte da geleia de amora e o doce do vinagre balsâmico resultam em um acompanhamento incomum para o cordeiro. Os deliciosos toques frutados fazem desse molho algo sublime, que todos vão querer mais.

450 g de batata bolinha • 4 filés de cordeiro sem osso com aproximadamente 175 g cada • 2 colheres (sopa) de azeite • 1 colher (sopa) de tomilho • 4 colheres (sopa) de vinagre balsâmico • 2 colheres (sopa) de geleia de amora (ou a gosto) • 15 g de manteiga • 400 g de brócolis • 1 colher (sopa) de salsinha picada • sal e pimenta-do-reino moída na hora

1 Cozinhe as batatinhas em água fervente com sal por 12-14 minutos ou até ficarem macias; escorra.
2 Enquanto isso, pincele os filés com azeite, sal e pimenta e salpique o tomilho. Em fogo médio-alto, aqueça uma frigideira antiaderente grande. Grelhe o cordeiro por 2-3 minutos de cada lado ou até atingir o ponto de sua preferência.
3 Tire a frigideira do fogo e misture o vinagre balsâmico, a geleia e 2 colheres (sopa) de água. Reduza a chama e volte a panela ao fogo. Deixe borbulhar por 1 minuto, acrescente a manteiga e mexa até o molho ficar brilhante e liso.
4 Enquanto prepara o cordeiro e o molho, cozinhe os brócolis no vapor por 4-5 minutos, até ficar macio.
5 Sirva o cordeiro com o molho de amoras com os brócolis e as batatinhas envoltas de salsinha.

FILÉ COM CREME DE MOSTARDA E MARSALA

Marsala, creme de leite fresco e mostarda de Dijon compõem um molho rápido maravilhoso para acompanhar filés suculentos e macios.

4 filés com aproximadamente 175 g cada • 4 colheres (sopa) de azeite • 4 colheres (sopa) de marsala • 150 ml de creme de leite fresco • 1 colher (sopa) de mostarda de Dijon (ou a gosto) • 1 kg de folhas de espinafre • suco de ½ limão-siciliano • sal e pimenta-do-reino moída na hora

PARA ACOMPANHAR: ciabatta com tomate seco

1 Espalhe metade do azeite sobre os filés e tempere com sal e pimenta. Em fogo alto, aqueça uma frigideira antiaderente grande. Grelhe os filés por 2-3 minutos de cada lado ou até atingir o ponto de sua preferência. Retire-os da panela e mantenha-os aquecidos.
2 Coloque o marsala na panela e solte os pedacinhos grudados com uma colher de pau. Ferva por 1 minuto em fogo médio e misture o creme de leite e a mostarda. Tempere a gosto, volte os filés à panela brevemente, regando-os com o molho.
3 Enquanto isso, aqueça o restante do azeite em um wok ou uma frigideira antiaderente grande, em fogo alto. Refogue o espinafre por 3-4 minutos, até murchar. Escorra qualquer excesso de líquido, junte o suco de limão e tempere a gosto.
4 Sirva os filés com o molho, acompanhados do espinafre e da ciabatta.

TRUTA COM LENTILHAS E MOLHO CÍTRICO QUENTE

Esse prato também fica bom com filés de truta defumados. Nesse caso, sirva o molho sem aquecer.

150 ml de azeite extravirgem • suco de 1 laranja pequena • suco de ½ limão-siciliano • 1 colher (chá) de mel • 1 cebola pequena picada • ½ bulbo de erva-doce picado • 8 filés de truta com aproximadamente 125 g cada • 800 g de lentilhas em lata escorridas • 1 colher (sopa) de vinagre balsâmico • 1 colher (sopa) de salsinha picada • sal e pimenta-do-reino moída na hora

PARA ACOMPANHAR: salada de folhas verdes

1 Coloque dois terços do azeite em uma panela pequena. Acrescente os sucos de laranja e limão e o mel. Misture a cebola e a erva-doce, tempere com sal e pimenta. Em fogo baixo, aqueça suavemente.
2 Enquanto isso, tempere os filés de truta. Em fogo médio, aqueça 1 colher (sopa) de azeite em uma frigideira antiaderente grande. Grelhe a truta por 1 minuto de cada lado até cozinhar completamente.
3 Durante o preparo da truta, ponha as lentilhas em uma panela com o restante do azeite e o vinagre balsâmico. Aqueça em fogo baixo, mexendo de vez em quando, até aquecer completamente. Misture a salsinha.
4 Coloque a truta sobre as lentilhas, regue com o molho e sirva com a salada de folhas verdes.

ATUM GRELHADO COM MOLHO DE TOMATE E AZEITONAS

O atum cozinha muito rápido; procure deixá-lo rosado no meio. Esse é o prato perfeito para uma refeição de fim de semana ou um jantar especial, sem a necessidade de passar horas na cozinha.

4 filés de atum com aproximadamente 200 g cada • 4 colheres (sopa) de azeite • 1 limão-siciliano fatiado finamente • 250 g de tomates-cereja • uma pitada de açúcar • 2 colheres (sopa) de alcaparras dessalgadas e escorridas • 100 g de azeitonas pretas sem caroço • sal e pimenta do reino moída na hora

PARA ACOMPANHAR: salada de agrião e baguete

1 Tempere o atum com sal e pimenta. Em fogo alto, aqueça metade do azeite em uma frigideira antiaderente grande. Frite o atum por 1-2 minutos de cada lado, dependendo da espessura dos filés. (Tome cuidado para não cozinhar demais o peixe – ele pode secar muito depressa.) Retire o atum da panela, reserve em um prato e tampe para manter aquecido.

2 Acrescente as fatias de limão à panela e grelhe por 2-3 minutos, até caramelizar ligeiramente. Misture os tomates, o açúcar, as alcaparras e as azeitonas e refogue por mais 5 minutos, mexendo com frequência.

3 Retorne o atum à panela e aqueça por 1 minuto. Sirva com o molho, acompanhado da salada de agrião e de fatias da baguete.

PEIXE CROCANTE COM MOLHO DE ABACATE

A semolina deixa crocante e dourado o filé de peixe branco – opte por bacalhau, cherne ou badejo; escolha o que parecer bom e fresco na hora da compra. Folhas de salada crocante da culinária oriental, como mizuna (que pode ser substituída por rúcula), mostarda e acelga combinam muito bem com o peixe e o molho suculento.

4 colheres (sopa) de semolina fina • 4 filés firmes de peixe branco com aproximadamente 175 g cada • 4 colheres (sopa) de azeite extravirgem • sal e pimenta-do-reino moída na hora

MOLHO DE ABACATE: 1 cebola roxa em cubinhos • 2 tomates sem sementes em cubinhos • 2 abacates em cubinhos • suco de 1 limão-siciliano • 1 maço pequeno de coentro, com as folhas picadas grosseiramente

PARA ACOMPANHAR: salada de folhas da culinária oriental e ciabatta

1 Coloque a semolina em um prato e tempere com sal e pimenta. Passe os filés de peixe delicadamente pela semolina para cobri-los.

2 Em fogo médio, aqueça metade do azeite em uma frigideira antiaderente grande. Frite o peixe por 2 minutos de cada lado até dourar e cozinhar completamente. Escorra sobre papel-toalha.

3 Enquanto isso, faça o molho. Coloque a cebola, o tomate e o abacate em uma tigela. Misture o restante do azeite, o suco de limão e o coentro e tempere a gosto. Sirva o peixe com o molho de abacate, a salada e fatias da ciabatta ao lado.

< SALADA DE SALMÃO, ERVA-DOCE E VAGEM TENRA

A grapefruit é geralmente usada como um ingrediente do café da manhã, mas nessa receita ela é a base de um delicioso molho agridoce. Acho que você vai se surpreender com o sabor picante, que combina muito bem com essa salada de salmão.

4 filés de salmão sem pele com aproximadamente 175 g cada • 125 ml de azeite extravirgem • 2 bulbos de erva-doce fatiados finamente • 2 talos de aipo fatiados na diagonal • 300 g de vagem tenra • suco de 1 grapefruit rosada • 1 colher (chá) de mel (ou a gosto) • sal e pimenta-do-reino moída na hora

PARA ACOMPANHAR: pão italiano

1 Tempere o salmão com sal e pimenta. Em fogo alto, aqueça 2 colheres (sopa) de azeite em uma frigideira antiaderente grande. Grelhe o salmão por 3-4 minutos de cada lado, dependendo da espessura dos filés, até ficarem cozidos, mas ainda opacos no centro. Corte-os em fatias.
2 Enquanto isso, ponha a erva-doce, o aipo e as vagens em uma travessa. Misture o restante do azeite com o suco de grapefruit e o mel. Tempere a gosto. Coloque o molho sobre a salada e misture bem.
3 Sirva o salmão sobre a salada com pedaços do pão ao lado.

SALMÃO GRELHADO COM ESPINAFRE E COCO

Filés suculentos de salmão vão muito bem com o espinafre cremoso envolvido em coco.

4 filés de salmão com aproximadamente 175 g cada • 3 colheres (sopa) de azeite • suco de 1 limão-siciliano pequeno • 2 dentes de alho fatiados • 800 g de folhas de broto de espinafre • 100 ml de leite de coco • ½ colher (chá) de pasta de curry suave • sal e pimenta-do-reino moída na hora

PARA ACOMPANHAR: pão sírio ou naan

1 Tempere os filés de salmão com sal e pimenta. Em fogo médio-alto, aqueça 2 colheres (sopa) de azeite em uma frigideira antiaderente grande. Grelhe o salmão por 3-4 minutos de cada lado, dependendo da espessura dos filés, até ficarem cozidos, mas ligeiramente opacos no centro. Esprema um pouco de suco de limão sobre eles.
2 Enquanto isso, aqueça o restante do azeite em um wok ou uma frigideira antiaderente grande em fogo médio. Refogue o alho por 1 minuto. Acrescente o espinafre e refogue por mais 1-2 minutos, até começar a murchar.
3 Misture o leite de coco e a pasta de curry e coloque sobre o espinafre. Mexa bem e cozinhe por 2 minutos até ficar completamente aquecido. Tempere a gosto. Sirva o salmão com o espinafre e o pão sírio ao lado.

OVOS COM SALMÃO DEFUMADO

Ovos e salmão são famosos por formarem uma bela combinação. Com essa receita, você vai fazer um jantar simples e tentador.

15 g de manteiga amolecida • 4 fatias grandes de salmão defumado • 4 ovos grandes • 4 colheres (sopa) bem cheias de mascarpone • sal e pimenta-do-reino moída na hora

PARA ACOMPANHAR: salada de espinafre e pão multigrãos

1 Preaqueça o forno a 200°C.
2 Unte quatro ramequins grandes com manteiga e forre cada um com uma fatia de salmão.
3 Quebre um ovo em cada ramequim. Coloque 1 colherada de mascarpone sobre cada um dos ovos e tempere com sal e pimenta. Asse por 10 minutos ou até ficar ligeiramente firme. Sirva com a salada de espinafre e fatias do pão multigrãos.

PEIXE EM CALDO PICANTE >

Pedaços de peixe em um caldo leve e picante, com alcaparras crocantes por cima... delicioso.

4 colheres (sopa) de azeite • 1 cebola picada • ½ bulbo de erva-doce picado • 1 colher (chá) de pimenta-calabresa em flocos • 600 ml de caldo de legumes • 400 g de tomate pelado em lata • um punhado de salsinha picada • 4 filés de peixe branco, como bacalhau, cherne ou badejo, sem pele, com aproximadamente 175 g cada • 2 colheres (sopa) de alcaparras dessalgadas e escorridas • sal e pimenta-do-reino moída na hora

PARA ACOMPANHAR: baguete

1 Em fogo médio, aqueça 2 colheres (sopa) de azeite em uma frigideira antiaderente grande e funda. Frite a cebola e a erva-doce por 3 minutos, até ficarem macias. Misture a pimenta.
2 Acrescente o caldo, os tomates e três quartos da salsinha à panela e tempere com sal e pimenta-do-reino. Deixe ferver e cozinhe em fogo alto por 3 minutos, mexendo de vez em quando.
3 Delicadamente, coloque o peixe na panela. Abaixe o fogo e cozinhe por 4-5 minutos, dependendo da espessura dos filés, ou até ficarem cozidos.
4 Enquanto isso, aqueça o restante do azeite em uma frigideira antiaderente pequena e junte as alcaparras. Frite por 2 minutos em fogo médio até ficarem douradas e crocantes. Deixe escorrer em um prato com papel-toalha.
5 Coloque os filés em quatro pratos de sopa e ponha colheradas do caldo sobre eles. Finalize com as alcaparras, espalhe o restante da salsinha e sirva com fatias da baguete.

< PIADINA ABERTA DE SARDINHA

A piadina é um pão italiano achatado, tradicional da região da Emília-Romanha, mas quatro tortilhas de farinha podem ser boas substitutas. Peça ao peixeiro para preparar as sardinhas para você.

8 sardinhas sem espinhas cortadas em borboleta • 3 colheres (sopa) de azeite • suco de 1 limão-siciliano • 4 piadinas pequenas ou tortilhas de farinha • 1 cebola roxa fatiada finamente • 12 tomates-cereja cortados ao meio • um punhado de azeitonas pretas sem caroço • um punhado de salsinha picada • sal e pimenta-do-reino moída na hora

PARA ACOMPANHAR: gomos de limão-siciliano e salada de folhas variadas com ervas

1 Preaqueça uma grelha em temperatura alta.
2 Disponha as sardinhas com a pele para baixo na grelha e regue com o azeite e metade do suco de limão-siciliano. Grelhe por 3-4 minutos, até cozinhar. Retire e mantenha aquecidas.
3 Coloque as piadinas ou tortilhas na grelha por 1 minuto para aquecer.
4 Espalhe metade da cebola sobre a piadina quente e, em seguida, coloque os tomates e as azeitonas. Ponha as sardinhas por cima e esprema o restante do suco limão-siciliano sobre elas. Tempere com sal e pimenta. Finalize com a salsinha e o restante da cebola. Sirva com gomos de limão-siciliano e a salada.

CALDO DE MISSÔ COM TALHARIM E SALMÃO PICANTE

Use o seu curry em pó suave favorito – qualquer ingrediente muito picante vai se sobrepor aos sabores delicados do salmão e do missô. Costumo decorar esse prato com echalotas fritas crocantes.

3 colheres (sopa) de farinha de trigo • 1 colher (sopa) de curry suave em pó • 4 filés de salmão com aproximadamente 175 g cada • 1 clara de ovo batida • 4 colheres (sopa) de óleo de girassol • 3 colheres (sopa) de pasta de missô • 2 talos de aipo fatiados na diagonal • um punhado de cebolinha fatiada na diagonal • 1 pimenta dedo-de-moça pequena sem sementes fatiada finamente • 250 g de talharim fresco ou macarrão instantâneo • um punhado de folhas de coentro picadas • sal e pimenta-do-reino moída na hora

1 Misture a farinha e o curry em pó em um prato e tempere com sal e pimenta. Pincele a clara sobre os filés de salmão e passe-os pela farinha com curry para empanar.
2 Em fogo médio, aqueça o óleo de girassol em uma frigideira antiaderente grande. Frite o salmão por 3-4 minutos de cada lado, dependendo da espessura dos filés, até ficarem cozidos, mas ligeiramente opacos no centro.
3 Enquanto isso, misture a pasta de missô com 900 ml de água em uma panela grande. Adicione o aipo, a cebolinha, a pimenta e deixe ferver. Coloque o talharim e cozinhe por 3-4 minutos ou até ficar macio. Junte o coentro e mexa. Sirva o salmão sobre o caldo com talharim.

CAMARÃO-GIGANTE AO ESTILO MARROQUINO

O tempero foi inspirado em uma pasta condimentada do Oriente Médio conhecida como chermoula. Ela também combina com frango e peixe.

300 g de cuscuz marroquino • 500 ml de caldo quente de legumes • 2 colheres (sopa) de salsinha picada • 3 colheres (sopa) de cominho em grãos • 1 colher (sopa) coentro em grãos • 1 colher (sopa) de páprica • 1 colher (sopa) de gengibre em pó • uma pitada de pimenta-calabresa em flocos (ou a gosto) • 2 dentes de alho descascados • 6 colheres (sopa) de azeite • suco de 2 limões-sicilianos • 1 colher (chá) de açúcar • 1 kg de camarões-gigantes crus, sem casca e limpos • sal e pimenta-do-reino moída na hora

PARA ACOMPANHAR: salada de folhas variadas

1 Coloque o cuscuz em uma tigela e despeje o caldo quente sobre ele. Mexa, tampe e reserve por 4-5 minutos. Solte os grãos com um garfo e misture a salsinha. Reserve por alguns minutos.
2 Enquanto isso, toste o cominho e o coentro em uma frigideira antiaderente grande por 1 minuto, até soltarem um leve aroma, e transfira para um liquidificador. Acrescente o restante dos condimentos, o alho e 2 colheres (sopa) de azeite e bata até obter uma pasta. Misture o suco de limão e o açúcar e tempere com sal e pimenta.
3 Coloque os camarões e a pasta condimentada em uma tigela e mexa para incorporar bem.
4 Em fogo médio, aqueça o restante do azeite na frigideira. Frite os camarões por 3-4 minutos até ficarem rosados e cozidos. Escorra sobre papel-toalha e sirva com o cuscuz e a salada.

CAMARÃO TAILANDÊS E CURRY DE ABACAXI

Os camarões suculentos combinam muito bem com o abacaxi doce, o coco cremoso e as ervilhas-tortas crocantes nesse curry aromático.

250 g de arroz de jasmim • 2 colheres (sopa) de azeite • 2 dentes de alho amassados • 1 cebola finamente picada • 150 ml de leite de coco • 150 ml de caldo de legumes • 1 colher (sopa) de pasta de curry • 1-2 colheres (sopa) de ketchup • 100 g de ervilhas-tortas • 450 g de camarões-gigantes cozidos sem casca • 225 g de abacaxi em conserva escorrido • um punhado de folhas de coentro picadas • sal e pimenta-do-reino moída na hora

1 Coloque o arroz em uma panela média e cubra com 600 ml de água. Quando ferver, abaixe o fogo, tampe e cozinhe por 10-12 minutos, até o arroz ficar cozido, e a água ser absorvida. Reserve.
2 Enquanto isso, aqueça o azeite em uma panela grande, em fogo médio. Refogue o alho e a cebola por 2 minutos, misture o leite de coco, o caldo de legumes, a pasta de curry e o ketchup.
3 Adicione as ervilhas-tortas e cozinhe por 2 minutos. Junte os camarões e o abacaxi, tempere com sal e pimenta e cozinhe por mais 3 minutos, até o caldo reduzir e engrossar. Misture o coentro e sirva com o arroz de jasmim.

CAMARÕES CREOLE

Esses camarões crocantes e cobertos de coco combinam perfeitamente com o molho creole picante.

300 g de cuscuz marroquino • 1 colher (chá) de cominho em grãos • 125 ml de óleo de girassol • 1 cebola pequena finamente picada • 1 dente de alho amassado • 400 g de tomate pelado em lata picado • 2 colheres (sopa) de açúcar mascavo • 1 colher (chá) de orégano • ½ colher (chá) de pimenta-malagueta em pó • 1 kg de camarões-gigantes crus sem casca • 1 clara de ovo batida • 150 g de coco desidratado • sal e pimenta-do-reino moída na hora

PARA ACOMPANHAR: salada verde crocante

1 Cozinhe o cuscuz em uma panela com água fervente com sal por 6-8 minutos, até ficar macio. Escorra e reserve, tampado, até a hora de servir.
2 Enquanto isso, toste o cominho em uma frigideira antiaderente seca por 30 segundos, até liberar levemente o aroma.
3 Coloque 2 colheres (sopa) de óleo de girassol, a cebola e o alho e refogue, em fogo médio-alto, por 30 segundos. Acrescente os tomates, o açúcar, o orégano e a pimenta. Tempere com sal e pimenta-do-reino.
4 Cozinhe em fogo brando por 10 minutos, até reduzir e engrossar.
5 Enquanto prepara o molho creole, mergulhe os camarões na clara e depois no coco, até cobri-los.
6 Em fogo médio, aqueça o restante do azeite em uma frigideira grande e funda. Frite os camarões por 3-4 minutos, virando uma vez, até dourar. (Pode ser preciso fritar em duas levas.) Escorra em papel-toalha e tempere com um pouco de sal.
7 Sirva os camarões com o molho creole, o cuscuz e a salada.

SALADA QUENTE DE MAÇÃ CARAMELIZADA E QUEIJO DE CABRA

Há poucas combinações mais agradáveis que uma maçã suculenta com um queijo saboroso, especialmente quando elas são caramelizadas em manteiga e mel e vêm acompanhadas do saboroso queijo de cabra.

330 g de manteiga • 2 maçãs sem sementes fatiadas • 2 colheres (sopa) de mel • 3 colheres (sopa) de vinagre de maçã • 4 colheres (sopa) de azeite extravirgem • quatro punhados de folhas de rúcula • 450 g de queijo de cabra cortado em pedaços • um punhado pequeno de nozes • sal e pimenta-do-reino moída na hora

PARA ACOMPANHAR: pão de centeio

1 Em fogo médio, derreta a manteiga em uma frigideira. Salteie as maçãs com uma pitada de sal por 3-4 minutos, até amaciarem. Acrescente o mel e deixe por mais 1 minuto, até caramelizarem. Tire do fogo e misture o vinagre de maçã e o azeite.

2 Enquanto isso, misture a rúcula, o queijo de cabra e as nozes. Acrescente as maçãs com o caldinho que ficar na panela; tempere com pimenta. Sirva com fatias do pão de centeio.

TORTINHA DE TRÊS QUEIJOS

Essas tortinhas leves, crocantes e douradas são muito simples e rápidas de fazer. Crie sua própria versão, combinando outros queijos e substituindo o tomate seco por corações de alcachofra ou cogumelos em conserva.

folhas de massa filo de 8 x 15 cm • 40 g de manteiga derretida • 150 g de gruyère ralado • 75 g de parmesão ralado • 115 g de mascarpone • 12 tomates secos em conserva escorridos e picados • 8 folhas de manjericão • sal e pimenta-do-reino moída na hora

PARA ACOMPANHAR: chutney frutado, salada de ervas variadas e baguete

1 Preaqueça o forno a 200°C.
2 Pegue duas folhas de massa filo e coloque uma sobre a outra, mas com os ângulos não alinhados, para formar um estrela. Pincele com a manteiga derretida e coloque esse lado para baixo em uma fôrma de cupcake. (Escolha uma com cavidade larga e rasa.) Repita até fazer mais três bases de torta. Pincele mais manteiga e asse por 3-4 minutos, até ficarem ligeiramente douradas e crocantes.
3 Enquanto isso, misture os queijos em uma tigela grande e acrescente o tomate seco e o manjericão. Tempere com sal e pimenta. Divida esse recheio entre as bases assadas e leve-as novamente ao forno por mais 3-4 minutos, até os queijos derreterem e dourarem.
4 Sirva a torta imediatamente com uma colherada de chutney, a salada e fatias da baguete.

CAMEMBERT AO FORNO

Essa receita é como um fondue de queijo na caixinha... só que muito mais fácil de fazer e delicioso para compartilhar. Você também pode dividir o queijo em pratos e servir com uma salada de rúcula.

2 queijos camembert inteiros na caixa de madeira • 4 dentes de alho fatiados finamente • 16 ramos de tomilho novos • 6 colheres (sopa) de vinho branco seco • 4 colheres (sopa) de azeite extravirgem • pimenta-do-reino moída na hora

PARA ACOMPANHAR: pão italiano ou pão integral e vegetais crus em tirinhas

1 Preaqueça o forno a 200°C.
2 Tire os queijos da caixa e remova o papel de dentro. Com uma faca afiada, faça cortes rasos e aleatórios em cada queijo. Insira o alho e o tomilho nos cortes. Devolva os queijos às caixas.
3 Coloque colheradas do vinho sobre eles e acrescente uma boa pitada de pimenta. Ponha as caixas em uma assadeira e asse por 6-8 minutos, até o queijo ficar macio e derreter por dentro. Sirva com fatias do pão e tirinhas de vegetais.

PENNE COM "PARMESÃO IMPROVISADO"

Na Itália, a farinha de rosca grossa e crocante era utilizada como um substituto barato do parmesão por quem não podia comprar o queijo. Acho que eles encontraram uma ótima alternativa.

450 g de penne • 4 colheres (sopa) de azeite extravirgem • 100 g de farinha de rosca branca • 250 g de mascarpone • raspas de 2 limões-sicilianos • sal e pimenta-do-reino moída na hora

PARA ACOMPANHAR: salada de folhas verdes

1 Ferva água com sal em uma panela grande e cozinhe o penne por 10 minutos, ou até ficar *al dente*.
2 Enquanto isso, aqueça o azeite em uma frigideira antiaderente grande, em fogo médio. Refogue a farinha de rosca por 2-3 minutos, até dourar. Tire a panela do fogo e tempere com um pouco de sal. Reserve.
3 Misture o mascarpone e as raspas de limão e tempere com um pouco de pimenta.
4 Escorra a massa, devolva-a à panela e acrescente o mascarpone com limão; aqueça. Salpique a farinha de rosca dourada sobre o penne e sirva com a salada de folhas verdes.

CAVATAPPI FRESCO COM PESTO DE HORTELÃ E ERVILHAS >

Cavatappi é uma massa pequena, em formato de tubo em espiral, que absorve esse pesto caseiro delicioso, mas podem ser usadas massas de qualquer formato.

450 g de cavatappi
PESTO DE HORTELÃ E ERVILHAS: 300 g de ervilhas congeladas • 4 colheres (sopa) de azeite extravirgem • 2 dentes de alho amassados • 100 g de amêndoas sem pele picadas • 100 g de parmesão, mais um pouco para servir • 5-6 folhas de hortelã • uma pitada de açúcar • sal e pimenta-do-reino moída na hora

PARA ACOMPANHAR: salada de folhas variadas

1 Ferva água com sal em uma panela grande e cozinhe o cavatappi por 10 minutos, ou até ficar *al dente*.
2 Enquanto isso, cozinhe as ervilhas em água fervente por 2-3 minutos, até ficarem macias. Escorra e passe para o liquidificador. Acrescente o azeite, o alho, as amêndoas e bata até obter uma pasta bem espessa. Junte o parmesão e a hortelã, bata novamente e tempere com uma pitada de açúcar, sal e pimenta.
3 Escorra a massa, devolva-a à panela, incorpore o pesto e aqueça. Coloque mais parmesão sobre a massa, se desejar, e sirva com a salada.

MINESTRONE

Legumes congelados são ótimos para ter sempre à mão – além de saudáveis, eles são uma bênção quando você está sem tempo.

2 colheres (sopa) de azeite • 1 cebola picada • 450 g de legumes congelados • 600 ml de caldo de legumes • 400 g de tomate pelado em lata picado • 200 g de massa de formato pequeno, como ditaline, farfalline ou vermicelli • 400 de feijão-branco em lata enxaguado • um punhado pequeno de salsinha picada • sal e pimenta-do-reino moída na hora

PARA ACOMPANHAR: pão caseiro

1 Em fogo médio, aqueça o azeite em uma panela grande. Refogue a cebola por 2 minutos, até ficar macia. Acrescente os legumes e o caldo. Deixe ferver. Adicione os tomates, tempere com sal e pimenta e cozinhe por 2-3 minutos.
2 Junte a massa e o feijão, deixe atingir o ponto de fervura e cozinhe por 8 minutos, mexendo de vez em quando, até a massa ficar *al dente*, e o caldo engrossar. Misture a salsinha e sirva a sopa com fatias do pão caseiro.

SOPA DE COCO E GRÃO-DE-BICO

Essa sopa reforçada e reconfortante é um ótimo jantar para uma noite de inverno.

2 colheres (sopa) de azeite • 2 dentes de alho amassados • 1 cebola picada • 1 talo de aipo finamente picado • 150 ml de leite de coco • 600 ml de caldo de legumes • 400 g de grão-de-bico em lata enxaguado • dois punhados grandes de brotos de espinafre • 1 pimenta dedo-de-moça sem sementes cortada em tiras

1 Em fogo médio, aqueça o azeite em uma panela grande. Refogue o alho, a cebola e o aipo por 3 minutos, até ficarem macios.
2 Acrescente o leite de coco e o caldo. Misture bem. Deixe ferver, abaixe o fogo e cozinhe por 2 minutos.
3 Junte o grão-de-bico e cozinhe por mais 5 minutos, até reduzir ligeiramente e engrossar. Misture o espinafre e a pimenta e deixe no fogo por mais 2 minutos, até o espinafre murchar. Sirva imediatamente.

SOPA DE MISSÔ E TOFU COM WONTONS

Wontons crocantes são uma ótima guarnição para essa sopa fácil. Talvez você precise acertar a quantidade de missô de acordo com a marca que estiver usando, já que alguns são mais concentrados que outros. Note que, quanto mais clara a cor, mais suave é o sabor.

3-4 colheres (chá) cheias de pasta para missô marrom • 1 maço de cebolinha picada • um pedaço de 5 cm de gengibre fresco sem casca fatiado finamente • 200 g de cogumelos porcini fatiados • um punhado de folhas da culinária chinesa, como acelga, em tiras • 450 g de tofu firme cortado em cubos • 6 colheres (sopa) de óleo de girassol • 4 folhas de massa para wonton em tiras

1 Em uma panela grande, coloque 900 ml de água fervida na chaleira e misture a pasta de missô. Acrescente a cebolinha, o gengibre e os cogumelos e deixe ferver novamente.
2 Adicione as folhas chinesas e o tofu, reduza a chama e cozinhe em fogo brando por 3 minutos até que as folhas tenham murchado, e o tofu esteja quente.
3 Enquanto isso, aqueça o óleo de girassol em um wok ou uma frigideira grande, até ficar bem quente. Frite as massinhas de wonton por 2 minutos ou até dourarem e ficarem crocantes. Escorra em papel-toalha. Coloque as tiras de wonton sobre a sopa e sirva.

AGORA QUE VOCÊ JÁ PROVOU OS PRATOS SURPREENDENTES DOS CAPÍTULOS ANTERIORES, QUE PODEM SER PREPARADOS EM TÃO POUCO TEMPO, VAI ACHAR QUE VINTE MINUTOS SÃO UM VERDADEIRO LUXO! AQUI, INCLUÍ RECEITAS COMO O COLOMBO DE FRUTOS DO MAR, DO CARIBE, O CORDEIRO TAILANDÊS E UM SIMPLES FONDUE DE QUEIJO SUÍÇO.

REFEIÇÕES EM VINTE MINUTOS

FRANGO GRELHADO COM GREMOLATA

A gremolata é o clássico acompanhamento italiano do osso bucco (basicamente alho, salsa e raspas de limão), mas é um desperdício não utilizá-la com outros tipos de pratos.

450 g de batata bolinha • 15 g de manteiga • 4 filés de frango com aproximadamente 175 g cada • 2 dentes de alho amassados • um punhado de salsinha picada • raspas de 2 limões-sicilianos • 2 colheres (sopa) de azeite • sal e pimenta-do-reino moída na hora

PARA ACOMPANHAR: salada de folhas variadas

1 Cozinhe as batatinhas com casca em uma panela com água salgada fervente por 12-15 minutos, até amaciar. Escorra e espalhe a manteiga sobre elas.

2 Enquanto isso, bata nos peitos de frango com um martelo de carne para deixá-los mais macios e achatados.

3 Misture o alho, a salsinha e três quartos das raspas de limão em uma tigela e tempere com sal e pimenta. Espalhe a mistura sobre o frango, pressionando a carne até ficar coberta homogeneamente.

4 Em fogo médio-alto, aqueça o azeite em uma frigideira antiaderente grande. Grelhe o frango por 3-4 minutos de cada lado, até ficar cozido. Salpique o restante das raspas de limão-siciliano e sirva com as batatas e a salada.

FRANGO CROCANTE E REPOLHO COM GERGELIM

Eu adoro essa combinação de sabores doces, salgados e picantes que envolvem os peitos de frango. Se estou realmente com pressa, às vezes dou uma tapeada e compro um frango já assado.

600 ml de caldo de frango • 4 filés de frango com aproximadamente 175 g cada • 2 colheres (sopa) de farinha de trigo • 2 colheres (chá) de açúcar mascavo • 2 colheres (chá) de gengibre ralado • 4 colheres (sopa) de óleo de girassol • 250 g de talharim fresco ou macarrão instantâneo • 2 colheres (sopa) de óleo de gergelim • 1 repolho verde médio, com as folhas cortadas em tiras • 4 colheres (sopa) de gergelim • sal e pimenta-do-reino moída na hora

1 Ferva o caldo em uma panela grande. Junte os filés de frango e deixe-os imersos no caldo por 5 minutos.
2 Enquanto isso, misture a farinha, o açúcar e o gengibre numa tigela e tempere com sal e pimenta. Com uma escumadeira, retire o frango. Usando dois garfos, corte-o em tiras e passe-as na mistura de farinha.
3 Em fogo médio-alto, aqueça metade do óleo de girassol em um wok ou uma frigideira antiaderente grande. Refogue o frango por 3-4 minutos, virando uma vez, até ficar mais escuro e levemente crocante. Deixe escorrer em papel-toalha.
4 Ferva água com sal em uma panela e cozinhe o talharim por 3-4 minutos ou até ficar macio. Escorra e misture com o óleo de gergelim.
5 Enquanto isso, aqueça o restante do óleo de girassol em um wok ou uma frigideira. Refogue o repolho e o gergelim por 3-4 minutos, até o repolho começar a ficar macio; tempere a gosto. Sirva o frango com o repolho e o talharim.

ESCALOPE DE FRANGO COM MOLHO DE TOMATE

A combinação do frango douradinho com o molho de tomate com manjericão faz muito sucesso na minha casa; espero que faça na sua também.

4 colheres (sopa) de farinha de trigo • 4 escalopes de frango com aproximadamente 175 g cada • 4 colheres (sopa) de azeite • sal e pimenta-do-reino moída na hora

MOLHO DE TOMATE: 3 colheres (sopa) de azeite • 1 cebola finamente picada • 2 dentes de alho amassados • 400 g de tomate pelados em lata picados • 2 colheres (chá) de açúcar • um punhado de folhas de manjericão picadas grosseiramente

PARA ACOMPANHAR: salada de agrião e pão italiano

1 Para o molho de tomate, aqueça o azeite em uma panela, em fogo médio. Refogue a cebola e o alho por 2 minutos, até a cebola ficar macia.
2 Acrescente os tomates e o açúcar e tempere com sal e pimenta. Deixe ferver, abaixe o fogo e cozinhe em fogo brando por 10-15 minutos, até ficar brilhante e encorpado. Misture o manjericão.
3 Enquanto isso, espalhe a farinha em um prato e tempere com sal e pimenta. Passe os escalopes nessa farinha temperada para cobri-los, retirando o excesso.
4 Aqueça o azeite em uma frigideira antiaderente grande. Refogue o frango por cerca de 4 minutos de cada lado, até dourar e ficar completamente cozido. Sirva com o molho de tomate ao lado, a salada de agrião e fatias de pão italiano.

SOPA BALINESA DE FRANGO PICANTE

Essa sopa aromática é inspirada em um prato que comi em Bali, onde há uma tendência para usar pastas aromáticas picantes como a base de um prato, mas as quantidades de temperos e condimentos nunca são exatas. Então, fique à vontade para experimentar, tornando a sopa mais apimentado ou mais suave, conforme seu gosto.

1 cebola roxa picada • 1 talo de erva-cidreira finamente picado • um pedaço de 2,5 cm de gengibre descascado e picado grosseiramente • 1 dente de alho amassado • 1 colher (sopa) de açúcar mascavo ou açúcar de palmeira (loja de produtos orientais) • 2 pimentas dedo-de-moça pequenas • um punhado pequeno de castanhas de caju ou macadâmias • 2 colheres (sopa) de óleo de girassol • 450 g de frango moído • 1 litro de caldo de frango • 3 folhas desidratadas e picadas de limão kaffir (opcional)

1 Coloque a cebola roxa, a erva-cidreira, o gengibre, o alho, o açúcar e 1 pimenta em um liquidificador e bata até obter uma pasta. Acrescente as castanhas de caju e bata novamente, até a pasta ficar mais espessa.

2 Em fogo alto, aqueça o óleo de girassol em uma panela grande. Ponha a pasta na panela e refogue por 30 segundos, mexendo sem parar.

3 Junte o frango moído e refogue por mais 2-3 minutos, até começar a mudar de cor. Coloque o caldo, deixe ferver, reduza a chama e cozinhe em fogo brando por cerca 12 minutos, até o frango ficar cozido.

4 Enquanto isso, fatie finamente a outra pimenta. Misture as folhas de limão (se usar) na sopa e salpique a pimenta fatiada sobre ela antes de servir.

FUSILLI COM LINGUIÇA E VINHO TINTO

Cozinhe a massa pouco menos tempo que o indicado na embalagem e termine o cozimento no molho – assim, seus sabores intensos serão absorvidos pelo fusilli.

2 colheres (sopa) de azeite • 2 dentes de alho fatiados • 6 linguiças de boa qualidade cortadas ao meio no sentido do comprimento • 300 ml de vinho tinto • ½ colher (chá) de açúcar • 4 ramos de tomilho • 500 g de fusilli • sal e pimenta-do-reino moída na hora • parmesão ralado para servir

PARA ACOMPANHAR: salada de folhas verdes

1 Em fogo médio, aqueça o azeite em uma panela antiaderente grande. Acrescente o alho e amasse a carne da linguiça na panela, descartando a pele. Refogue por 5 minutos, virando com frequência, ou até ficar dourada.

2 Acrescente o vinho, o açúcar e o tomilho. Deixe ferver, abaixe o fogo e cozinhe por 10 minutos, até o vinho reduzir. Tempere com sal e pimenta.

3 Enquanto isso, ferva água com sal em uma panela grande. Cozinhe o fusilli por 2 minutos a menos que o tempo indicado, até ficar quase *al dente*.

4 Com uma escumadeira, transfira a massa para a outra panela. Mexa e cozinhe por mais 2 minutos ou até ficar *al dente*. Salpique o parmesão sobre a massa e sirva com a salada de folhas verdes.

SALADA CROCANTE DE TENDER COM MOLHO DE MOSTARDA E MEL

Essa é uma ótima maneira de aproveitar o que sobrou de um tender, mas você vai precisar de fatias bem grossas.

4 colheres (sopa) de farinha de trigo • 450 g de fatias grossas de tender cortadas em tiras • 4 colheres (sopa) de óleo de girassol • 8 fatias de ciabatta • 4 punhados grandes de folhas de salada variadas • um punhado de tomates-cereja cortados ao meio • ½ pepino fatiado • 4 cebolinhas fatiadas • 1 cenoura cortada em fitas com descascador de legumes • sal e pimenta-do-reino moída na hora

MOLHO DE MOSTARDA E MEL: 200 ml de creme de leite fresco • 1 colher (sopa) de mostarda de Dijon • 1 colher (sopa) de mel

1 Coloque a farinha em um saco plástico culinário e tempere com sal e pimenta. Acrescente as tiras do tender e agite para cobri-las.

2 Em fogo alto, aqueça o óleo de girassol em uma frigideira antiaderente grande. Frite o tender por 3-4 minutos, até ficar crocante e dourado. Deixe escorrer em papel-toalha.

3 Enquanto isso, prepare o molho. Misture o creme de leite, a mostarda e o mel. Deixe mais ralo com um pouco de água, se necessário, e tempere a gosto.

4 Aqueça uma frigideira antiaderente grande. Grelhe as fatias de ciabatta por 2 minutos de cada lado.

5 Coloque as folhas da salada em pratos para servir e, por cima, o tomate, o pepino, a cebolinha, a cenoura e o tender crocante. Ponha o molho sobre a salada e sirva acompanhada pela ciabatta grelhada.

CROSTATA DE QUEIJO E PRESUNTO CRU

É importante preaquecer o forno, assim a massa vai assar rapidamente.

375 g de massa folhada pronta • 2 ovos batidos • 100 g de queijo parmesão ralado • 100 g de fatias presunto cru rasgadas em pedaços • 50 g de queijo tallegio ou brie em cubos

PARA ACOMPANHAR: salada de tomate e rúcula

1 Preaqueça o forno a 220°C.
2 Disponha a massa em uma assadeira grande e vire as beiradas para formar uma borda de 1 cm.
3 Bata os ovos e o parmesão e espalhe uniformemente sobre a massa, até a borda. Coloque o presunto e o queijo sobre a mistura de ovos e parmesão. Asse por 10-12 minutos, até a massa ficar dourada e cozida. Sirva com a salada de tomate e rúcula.

LOMBO COM ABACAXI

O filé de lombo de porco é suculento e fácil de usar. Aqui ele é combinado com abacaxi e um delicioso molho escuro e espesso.

250 g de arroz parboilizado • 2 colheres (sopa) de molho de soja escuro • 2 colheres (sopa) de mel • 2 colheres (sopa) de vinho shaoxing (vinho de arroz chinês) ou xerez seco • 150 ml de caldo de legumes ou de carne • 2 colheres (chá) de amido de milho • 2 colheres (sopa) de óleo de girassol • 450 g de filés de lombo de porco sem gordura fatiados • 2 dentes de alho fatiados • 150 g de castanhas de caju sem sal • 150 g de abacaxi fresco cortado em cubos

1 Coloque o arroz em uma panela média e cubra com 600 ml de água com sal. Deixe ferver, abaixe o fogo, tampe e cozinhe por 10 minutos ou até o arroz ficar cozido, e a água ter sido absorvida. Retire a panela do fogo e reserve, tampada, até a hora de servir.

2 Enquanto prepara o arroz, misture o molho de soja, o mel, o vinho e o caldo. Adicione o amido de milho em um pouco de água para formar uma pasta. Junte essa pasta à mistura de molho de soja, mexa e reserve.

3 Em fogo alto, aqueça o óleo de girassol em um wok ou uma frigideira antiaderente grande. Refogue a carne e o alho por 5-6 minutos, até dourar.

4 Acrescente as castanhas e refogue por mais 2 minutos. Junte o abacaxi e cozinhe por 3-4 minutos até aquecer completamente.

5 Abaixe um pouco o fogo e adicione a mistura de molho de soja. Cozinhe por cerca de 2 minutos, mexendo, até o molho engrossar. Sirva com o arroz.

SOUVLAKI COM MOLHO DE IOGURTE, ALHO E COENTRO

O souvlaki – espetinho de cordeiro – é servido com um tradicional molho grego de iogurte com alho. Você vai precisar de oito espetinhos que caibam em uma frigideira grande.

450 g de carne magra de cordeiro moída • 1 cebola finamente picada • 1 dente de alho picado • 3 colheres (sopa) de molho inglês • 2 colheres (sopa) de azeite • sal e pimenta-do-reino moída na hora

MOLHO DE IOGURTE, ALHO E COENTRO: 600 ml de iogurte integral • 2 dentes de alho amassados • um punhado de folhas de coentro ou hortelã picadas

PARA ACOMPANHAR: pão pita e salada de folhas variadas

1 Misture a carne de cordeiro com a cebola, o alho e o molho inglês e tempere com sal e pimenta. Divida essa massa em oito partes e, com cada porção, modele uma "linguiça" em volta de cada espetinho.

2 Em fogo médio-alto, aqueça uma frigideira antiaderente grande. Pincele os espetinhos com azeite e grelhe por 3-4 minutos de cada lado, até ficarem cozidos. (Talvez você precise fazer isso em duas levas.)

3 Enquanto isso, para fazer o molho de iogurte, misture todos os ingredientes em uma tigela e tempere a gosto. Sirva o souvlaki com o molho, o pão pita e a salada de folhas.

CORDEIRO TAILANDÊS

A carne de cordeiro vai muito bem com os sabores tailandeses e é perfeita para preparos rápidos.

250 g de arroz de jasmim • 2 colheres (sopa) de óleo de girassol • 1 talo de erva-cidreira finamente picado • 2 dentes de alho fatiados • 450 g de filés de cordeiro finamente fatiados • 1 pimentão vermelho e 1 amarelo sem sementes cortados em tiras • 3 colheres (sopa) de molho de peixe (nam pla) • 3 colheres (sopa) de açúcar mascavo • um punhado de tomates-cereja cortados em quartos • ½ pepino descascado sem sementes cortado em cubinhos • 6 cebolinhas fatiadas • 2 colheres (sopa) de amendoins salgados picados • um punhado de hortelã picada

1 Ponha o arroz em uma panela média e cubra com 600 ml de água. Deixe ferver, abaixe o fogo, tampe e cozinhe em fogo brando por 10-12 minutos ou até o arroz ficar cozido, e a água ter sido absorvida.

2 Enquanto isso, aqueça o óleo em um wok ou uma frigideira antiaderente grande, em fogo alto. Refogue a erva-cidreira e o alho por 1 minuto. Acrescente o cordeiro e os pimentões e refogue por mais 2-3 minutos.

3 Misture o molho de peixe e o açúcar. Adicione ao wok, refogue por mais 2 minutos e acrescente o tomate e o pepino. Misture a cebolinha, o amendoim e a hortelã. Sirva com o arroz.

COSTELETAS DE CORDEIRO COM MOLHO DE ALHO

Simples e sublime.

450 g de batata bolinha • 2 colheres (sopa) de geleia de groselha ou framboesa com pouco açúcar • 2 colheres (sopa) de molho inglês • 8-12 costeletas de cordeiro, conforme o tamanho • 1 kg de brotos de espinafre
MOLHO DE ALHO: 450 ml de creme de leite fresco • 8 dentes de alho descascados • 4 ramos de tomilho • 2 anchovas em conserva escorridas • 1 colher (sopa) de mostarda de Dijon • um punhado pequeno de salsinha picada • sal e pimenta-do-reino moída na hora

1 Preaqueça uma chapa de fogão em temperatura alta.
2 Enquanto isso, cozinhe as batatinhas em uma panela com água salgada por 15 minutos ou até ficarem macias; escorra a água.
3 Prepare o molho. Em uma panela, deixe ferver o creme de leite com o alho e o tomilho, abaixe o fogo e cozinhe por 10 minutos, até o molho reduzir e encorpar. Junte as anchovas e mexa por alguns minutos, até que elas desmanchem. Junte a mostarda e a salsinha e tempere com sal e pimenta.
4 A seguir, misture a geleia e o molho inglês e pincele as costeletas. Grelhe por 4-5 minutos de cada lado, pincelando novamente, até dourar e o molho da panela encorpar. Retire do fogo e tempere a gosto.
5 Refogue o espinafre em uma panela por 2-3 minutos só com a água que ficou sobre as folhas depois de lavadas, até murcharem. Sirva o cordeiro com o molho de alho, o espinafre e as batatinhas.

SANDUÍCHE RECHEADO COM MOLHO DE CARNE MOÍDA

O recheio deste sanduíche "escorrega" para fora do pão enquanto você come. Como alternativa, você pode servir a carne moída com molho de tomate sobre cada pão, como um sanduíche aberto.

2 colheres (sopa) de azeite • 1 dente de alho amassado • 1 cebola picada • 450 g de carne moída magra • 400 g de tomate pelado em lata picado • 1 colher (chá) de açúcar • 2 colheres (sopa) de shoyu • 2 colheres (sopa) de molho inglês • 1 folha de louro seca • sal e pimenta-do-reino moída na hora

PARA ACOMPANHAR: 4 pães de hambúrguer cortados ao meio • um punhado de folhas de alface-americana fatiadas • 2 tomates fatiados • 2 pepinos em conserva fatiados • 2 colheres (sopa) de maionese ou ketchup (opcional) • salada de folhas variadas

1 Em fogo médio-alto, aqueça o azeite em uma panela grande. Refogue o alho e a cebola por 1 minuto. Acrescente a carne moída e refogue por mais 3-4 minutos, mexendo frequentemente, até ficar cozida.
2 Junte os tomates picados, o açúcar, o shoyu, o molho inglês e a folha de louro e tempere com sal e pimenta. Deixe ferver, abaixe o fogo e cozinhe por 10 minutos, até reduzir e engrossar. Retire do fogo e descarte a folha de louro.
3 Na hora de servir, toste os pães. Coloque uma metade em cada prato e ponha a carne sobre ela, em seguida a alface, os tomates, os pepinos e a outra metade de pão. Sirva com maionese ou ketchup (se usar) e a salada de folhas.

TALHARIM COM TIRAS DE CARNE E GENGIBRE >

O sabor sutil do pepino combina bem com a carne neste molho espesso.

250 g de talharim fresco ou macarrão instantâneo • 1 colher (sopa) de óleo de gergelim • 1 pepino pequeno descascado, sem sementes e cortado em cubos • 2 colheres (sopa) de shoyu • 1 colher (sopa) de molho de peixe (nam pla) • 1 colher (sopa) de açúcar de palmeira, demerara ou mascavo • 1 colher (sopa) de vinagre de arroz • 2 colheres (sopa) de óleo de girassol • 8 escalopes cortados em tiras • 1 colher (sopa) de gengibre em conserva picado ou 2 colheres (chá) de gengibre fresco ralado • 2 dentes de alho picados • um punhado de cebolinha picada • 2 talos de salsão fatiados na diagonal • dois punhados de castanhas de caju sem sal • 2 colheres (sopa) de folhas de coentro picadas • sal

1 Ferva água com sal em uma panela e cozinhe o talharim por 3-4 minutos ou até ficar macio. Escorra e passe em água fria filtrada. Misture o macarrão com o óleo de gergelim e reserve.

2 Salpique sal no pepino picado e coloque em um escorredor. Deixe por 3 minutos, enxágue em água filtrada e escorra novamente. Reserve.

3 Misture o shoyu, o molho de peixe, o açúcar e o vinagre de arroz.

4 Em fogo alto, aqueça o óleo de girassol em um wok ou uma frigideira antiaderente grande. Refogue a carne, o gengibre e o alho por 2 minutos. Junte as cebolinhas, o aipo e as castanhas e refogue por 2 minutos.

5 Acrescente o pepino e refogue por 2 minutos. Coloque a mistura de shoyu no talharim e aqueça por 1-2 minutos, misturando até incorporar. Salpique o coentro e sirva.

FILÉ-MIGNON COM MOLHO ROMESCO

A inspiração para essa receita vem de um molho espanhol feito tradicionalmente com pimentões romescos – vermelhos, pequenos e picantes. Eu os substituí por azeite com pimenta-malagueta ou óleo de chilli.

3 colheres (sopa) de azeite extravirgem, mais um pouco para pincelar • 2 fatias grandes de pão italiano sem casca em cubos de 2 cm • 2 dentes de alho amassados • 50 g de avelãs • 6 tomates bem maduros sem sementes picados grosseiramente • 2-3 colheres (sopa) de vinagre de xerez • 2-3 colheres (sopa) de azeite com pimenta-malagueta ou óleo de chilli (ou a gosto) • 2 colheres (chá) de açúcar • 4 bifes de filé-mignon com aproximadamente 175 g cada • sal e pimenta-do-reino moída na hora

PARA ACOMPANHAR: pão italiano e salada verde

1 Para fazer o molho, aqueça em fogo médio 2 colheres (sopa) de azeite em uma frigideria antiaderente grande. Toste o pão, o alho e as avelãs por 2-3 minutos, mexendo de vez em quando, até dourar. Passe essa mistura para o processador.

2 Aqueça o restante do azeite na frigideira. Refogue os tomates por 3 minutos, até começarem a amaciar. Transfira para o processador com a mistura de pão e bata até obter uma pasta espessa. Acrescente o vinagre de xerez, o azeite com pimenta e o açúcar e bata novamente. Tempere com sal e pimenta a gosto.

3 Aqueça uma frigideira antiaderente grande até ficar bem quente. Pincele os filés com azeite, tempere e grelhe por 3 minutos de cada lado para ficarem malpassados, ou até o ponto de sua preferência. Sirva os filés com o molho, fatias do pão e a salada verde.

SALADA NIÇOISE

Clássica, combinando sabores típicos de Nice e da Riviera Francesa, é um ótimo prato de verão.

350 g de batata bolinha • 4 ovos • 4 punhados de vagem-macarrão • um punhado pequeno de alcaparras dessalgadas e escorridas • um punhado de azeitonas pretas sem caroço • 240 g de pimentão em conserva de azeite drenados e fatiados • 6 filés de anchovas escorridos e desfiados • 450 g de atum em lata em pedaços grandes • 4 punhados grandes de folhas variadas para salada

MOLHO: 100 ml de azeite extravirgem • 2 colheres (sopa) de vinagre de vinho branco • 1 colher (chá) de mostarda de Dijon • 1-2 colheres (chá) de açúcar • sal e pimenta-do-reino moída na hora

PARA ACOMPANHAR: baguete

1 Cozinhe as batatinhas em água com sal por 12-15 minutos, até ficarem macias. Escorra e transfira para uma tigela grande.

2 Enquanto isso, cozinhe os ovos por 5 minutos. Enxágue sob água corrente fria, descasque e corte em quartos; reserve.

3 Ao mesmo tempo, escalde a vagem em água fervente com sal por 2 minutos, escorra e enxágue em água corrente fria. Corte-as ao meio e coloque-as na tigela das batatinhas com as alcaparras, as azeitonas, o pimentão, as anchovas e o atum.

4 Junte todos os ingredientes do molho em um recipiente com tampa e agite até misturar bem. Tempere com sal e pimenta e despeje o molho sobre a tigela com as batatinhas e o atum. Mexa delicadamente.

5 Disponha as folhas de salada em um prato e finalize com a mistura de batatinhas e atum. Acrescente os ovos e sirva com fatias da baguete.

SALMÃO EM CROSTA DE GERGELIM >

O gergelim tem uma textura crocante e delicada e um sabor de nozes que vai muito bem com o salmão.

raspas de 1 limão-siciliano • 6 colheres (sopa) de gergelim • 4 pedaços de filés de salmão com aproximadamente 175 g cada • 1 clara de ovo batida • 3 colheres (sopa) de óleo de girassol • 250 g de talharim fresco • 1 colher (sopa) de óleo de gergelim • 2 colheres (sopa) de shoyu • sal e pimenta-do-reino moída na hora

MOLHO: 2 cebolinhas picadas • 125 ml de vinagre de ameixa ou vinagre balsâmico • 2 colheres (sopa) de molho inglês • 1 colher (sopa) de folhas de coentro picadas, mais um pouco para servir

PARA ACOMPANHAR: gomos de limão e salada

1 Misture as raspas de limão e o gergelim em um prato e tempere com sal e pimenta. Passe os filés de salmão delicadamente sobre a clara e, em seguida, cubra-os com a mistura de raspas de limão e gergelim.

2 Em fogo médio, aqueça o óleo de girassol em uma frigideira antiaderente grande. Frite o salmão por 3-4 minutos de cada lado ou até o gergelim dourar e o peixe ficar cozido, ligeiramente opaco no centro.

3 Ferva água com sal em uma panela e cozinhe o talharim por 3-4 minutos ou até ficar macio. Escorra e misture o óleo de gergelim e o shoyu.

4 Para fazer o molho, misture metade da cebolinha com os outros ingredientes. Coloque um pedaço de salmão em cada prato com um pouco do talharim. Salpique o restante da cebolinha e o coentro. Sirva com o molho, os gomos de limão e a salada.

SALADA DE LAGOSTA COM ABACATE E MAIONESE DE LIMÃO

Esse é um prato luxuoso de verão. Compre as caudas de lagosta em uma boa peixaria, peça para limpar e certifique-se de que estão fresquíssimas.

4 caudas de lagosta de aproximadamente 200 g cada • 1 abacate grande cortado em cubos • 4 tomates firmes e maduros sem sementes cortados em cubos • 4 punhados de uma mistura de folhas para salada • sal e pimenta-do-reino moída na hora
MAIONESE DE LIMÃO: 1 ovo • suco de ½ limão-siciliano, mais um pouco a gosto • 1 colher (chá) de mostarda de Dijon • 300 ml de óleo de girassol

PARA ACOMPANHAR: pão com azeitonas

1 Leve ao fogo uma panela com 1 litro de água e 2 colheres (chá) de sal. Antes de começar a ferver, coloque delicadamente a lagosta na água e cozinhe por 3-4 minutos, até ficar rosada por fora e branca por dentro. Para fazer a maionese, bata no liquidificador o ovo, o suco de limão-siciliano, a mostarda e uma pitada de sal. Ligue e acrescente o óleo de girassol em fio, aos poucos, até a mistura começar a engrossar. Então, adicione o óleo mais rapidamente, até que ele seja totalmente incorporado. Prove e ponha mais sal ou limão, se precisar.
2 Corte a lagosta em pedaços de 2 cm e coloque-a em uma tigela. Junte o abacate e os tomates e tempere a gosto. Misture a maionese com cuidado, distribuindo-a por igual.
3 Disponha a salada em uma travessa e coloque a lagosta sobre ela. Sirva com fatias do pão com azeitonas.

ROBALO COM MOLHO CREMOSO DE DILL

Esse molho cremoso ganha um toque especial com as alcaparras picadas. Fica delicioso com o robalo grelhado.

450 g de batata bolinha • 300 ml de creme de leite fresco • 1 dente de alho cortado ao meio • raspas e suco de 1 limão-siciliano • 2 colheres (sopa) de alcaparras dessalgadas, escorridas e picadas • 1 colher (sopa) de dill (endro) picado • 4 pedaços grandes de filé de robalo • 5 colheres (sopa) de azeite • 450 g de ervilhas congeladas • sal e pimenta-do-reino moída na hora

1 Cozinhe as batatas em água fervente com sal por 12-15 minutos, até ficarem macias; escorra a água. Preaqueça o forno em temperatura alta.
2 Enquanto isso, coloque o creme de leite em uma panela e acrescente o alho. Leve a panela ao fogo baixo, junte as raspas de limão-siciliano, as alcaparras e o dill e tempere com sal e pimenta. Cozinhe em fogo brando por 3-4 minutos, até engrossar ligeiramente; mantenha aquecido.
3 Disponha os pedaços de robalo em uma travessa refratária e regue-o com 2 colheres (sopa) de azeite. Esprema um pouco do suco de limão-siciliano sobre eles e tempere a gosto. Cubra com papel-alumínio. Leve ao forno alto e asse por cerca de 8 minutos, até ficar completamente cozido.
4 Ao mesmo tempo, cozinhe as ervilhas em água fervente com sal por 3-4 minutos; escorra.
5 Em fogo médio, aqueça o restante do azeite em uma frigideira antiaderente grande. Frite as batatinhas por 3-4 minutos, até dourarem. Sirva o robalo com o molho de dill, as ervilhas e as batatinhas.

TIRINHAS DE PEIXE

As tirinhas douradas de peixe são servidas com uma deliciosa maionese de alcaparras e cebolinha, muito rápida e fácil de fazer.

6 colheres (sopa) de polenta instantânea ou fubá • 4 filés de pescada sem pele com aproximadamente 175 g cada, cortados em tirinhas • 125 ml de leite • 4 colheres (sopa) de óleo de girassol • 450 g de ervilhas congeladas • sal e pimenta-do-reino moída na hora
MAIONESE DE ALCAPARRAS: 1 ovo • suco de ½ limão-siciliano • 1 colher (chá) de mostarda de Dijon • 300 ml de óleo de girassol • 1 colher (sopa) de alcaparras dessalgadas, escorridas e picadas • 1 colher (sopa) de cebolinha-francesa picada

PARA ACOMPANHAR: baguete

1 Para fazer a maionese, bata o ovo, o suco de limão-siciliano, a mostarda e uma pitada de sal no liquidificador, acrescentando o óleo em fio, aos poucos, até a mistura começar a engrossar. Então, adicione o óleo mais rapidamente, até que ele seja totalmente incorporado. Coloque a maionese em uma tigela e misture as alcaparras e a cebolinha.
2 Espalhe a polenta instantânea ou o fubá em um prato e tempere com sal e pimenta. Passe as tirinhas de peixe no leite e, em seguida, na polenta, até cobri-las.
3 Em fogo médio-alto, aqueça o óleo de girassol em uma frigideira antiaderente grande. Frite as tirinhas de peixe por 2-3 minutos, até dourarem e ficarem crocantes. (Talvez você precise fazer isso em duas levas.) Retire da frigideira e deixe escorrer em papel-toalha.
4 Enquanto frita o peixe, cozinhe as ervilhas em água fervente salgada por 3-4 minutos; escorra. Sirva as tirinhas quentes com a maionese, as ervilhas e fatias da baguete.

MEXILHÕES COM TOMATE E PIMENTA-MALAGUETA

Os mexilhões são muito versáteis – ficam deliciosos com molhos cremosos, mas funcionam muito bem com tomates e pimenta também. O suco escorrido dos tomates não é usado nessa receita, mas pode ser congelado e usado em outro prato.

2 colheres (sopa) de azeite • 2 dentes de alho fatiados • 1 kg de mexilhões na concha limpos • 100 ml de vinho branco seco • 800 g de tomate pelado em lata escorrido e picado • 1 colher (chá) de pimenta-calabresa em flocos

PARA ACOMPANHAR: baguete e salada de folhas verdes

1 Em fogo médio, aqueça o azeite em uma panela grande. Refogue o alho por 30 segundos. Acrescente os mexilhões e o vinho branco.
2 Adicione à panela os tomates espremidos e a pimenta; mexa bem. Deixe ferver, abaixe o fogo ligeiramente, tampe e cozinhe por 5 minutos, até as conchas dos mexilhões abrirem. Descarte todas as que não abrirem.
3 Sirva em tigelas grandes, com a baguete para passar no molhinho, e com a salada de folhas verdes.

COLOMBO DE FRUTOS DO MAR >

O nome desse curry é originário das ilhas francesas do Caribe. Se você não conseguir encontrar o pó-de-colombo, substitua-o por um curry em pó suave de sua preferência.

250 g de arroz parboilizado • 2 colheres (sopa) de azeite • 1 cebola picada • 2 dentes de alho picados • um pedaço de 2,5 cm de gengibre descascado e picado • 1 colher (sopa) de curry em pó suave • 300 ml de leite de coco • 150 ml de caldo de legumes • 900 g de frutos do mar (mariscos e vôngoles na concha e camarões com a casca) limpos • suco de 2 limões • 1-2 colheres (sopa) de chutney de manga • 2 colheres (sopa) de ketchup • um punhado de salsinha picada • sal e pimenta-do-reino moída na hora

1 Coloque o arroz com sal em uma panela média e cubra com 600 ml de água. Deixe ferver, abaixe o fogo, tampe e cozinhe em fogo brando por 10 minutos ou até o arroz ficar cozido e a água ter sido absorvida. Retire a panela do fogo e reserve, tampada, até o momento de servir.
2 Enquanto isso, aqueça em fogo alto o azeite em uma panela grande. Refogue a cebola, o alho, o gengibre e o curry por 2 minutos, mexendo sem parar.
3 Acrescente o leite de coco e o caldo e mexa. Junte os frutos do mar, deixe ferver, abaixe o fogo e adicione o suco de limão, o chutney de manga a gosto e o ketchup.
4 Tempere com sal e pimenta e cozinhe em fogo brando por 10 minutos, até os frutos do mar ficarem cozidos e o molho reduzir e engrossar. Salpique a salsinha e sirva com o arroz.

< SALADA QUASE CAESAR

Uma autêntica salada Caesar leva anchovas – essa é uma deliciosa versão vegetariana.

4 ovos • 2 colheres (sopa) de azeite extravirgem • 2 dentes de alho • 2 fatias grossas de pão de fôrma branco sem casca em cubinhos • um punhado de vagem-macarrão • 2 pés de alface romana, com as folhas separadas • 50 g de parmesão
MOLHO: 1 ovo • suco de ½ limão-siciliano pequeno • 1 dente de alho cortado ao meio • 200 ml de óleo de girassol • 4 colheres (sopa) de parmesão ralado • sal e pimenta-do-reino moída na hora

PARA ACOMPANHAR: gomos de limão-siciliano e ciabatta com azeitonas

1 Cozinhe os ovos por 5 minutos. Deixe esfriar, tire a casca e corte cada um em quartos.
2 Enquanto isso, aqueça em fogo médio o azeite em uma frigideira antiaderente grande. Frite o alho e os cubinhos de pão por 2-3 minutos, até dourarem. Escorra em papel-toalha. Tempere os croûtons com sal e pimenta; deixe esfriar. Descarte o alho.
3 Escalde as vagens em água fervente por 2 minutos, até ficarem macias. Escorra e enxágue em água corrente fria.
4 Para fazer o molho, bata bem o ovo no processador com o suco de limão-siciliano e o alho. Com o aparelho ligado, acrescente aos poucos o óleo de girassol em fio até a mistura começar a engrossar. Então, acrescente o óleo mais rapidamente, até que ele seja completamente incorporado. Adicione o parmesão ralado e tempere a gosto.
5 Coloque a alface em uma tigela e, sobre ela, as vagens, os ovos cortados e os croûtons. Com um descascador de legumes, faça lâminas de parmesão sobre a salada e regue com o molho. Sirva com os gomos de limão-siciliano e fatias da ciabatta.

PIPÉRADE

Nessa adaptação do famoso prato basco, acho que os ovos com as gemas moles ficam bem mais gostosos que os ovos mexidos da versão original.

5 colheres (sopa) de azeite • 1 cebola grande fatiada • 1 dente de alho amassado • 2 pimentões vermelhos e 1 amarelo sem sementes fatiados finamente • 8 tomates-cereja cortados ao meio • 4 ovos grandes • azeite com pimenta-malagueta para regar • sal e pimenta-do-reino moída na hora

PARA ACOMPANHAR: ciabatta e salada verde

1 Em fogo médio, aqueça o azeite em uma frigideira antiaderente grande. Refogue a cebola e o alho por 2 minutos e acrescente o pimentão e os tomates. Refogue por 10 minutos, mexendo regularmente, até ficarem macios. Tempere com sal e pimenta.
2 Faça quatro covas no refogado e, com cuidado, quebre os ovos no centro. Cozinhe por 3-4 minutos, até as claras ficarem firmes, mas as gemas continuarem moles.
3 Regue com o azeite apimentado e sirva com a ciabatta e a salada verde.

FONDUE DE QUEIJO SUÍÇO

Fondues são diversão garantida, e esse é simples de fazer. O pão é o acompanhamento tradicional, mas você também pode tentar com batatinhas assadas. Segundo a tradição, todos que perdem o pão no fondue têm de pagar uma prenda.

300 ml de vinho branco seco frutado • 650 g de gruyère ralado • 3 colheres (sopa) de kirsch ou grapa • 1 colher (chá) de fécula de batata • 1 colher (chá) de folhas de tomilho (opcional) • 1 dente de alho cortado ao meio • pimenta-do--reino moída na hora

PARA ACOMPANHAR: baguetes cortadas em cubos de 2 cm

1 Em fogo médio, aqueça o vinho em uma panela média. Acrescente o gruyère e aqueça até o queijo derreter, mexendo de vez em quando.

2 Misture o kirsch e a fécula de batata, leve-os à panela e cozinhe por 3-4 minutos, até engrossar. Adicione o tomilho (se usar) e tempere com pimenta a gosto.

3 Esfregue o alho por dentro da panela de fondue e coloque-a sobre o réchaud. Despeje o fondue na panela e mantenha-a no réchaud. Sirva o fondue com os pedaços da baguete ou com o pão de sua preferência, para espetar no garfinho e mergulhar na massa.

POLENTA COM MOLHO DE ALCACHOFRA

Esse é um prato saboroso, que os fãs de alcachofra vão adorar. Escolha alcachofras em conserva de azeite em vez das que vêm com água ou vinagre.

250 g de mascarpone • 3 colheres (sopa) de leite • 50 g de parmesão ralado • 540 g de fundos de alcachofras em conserva de azeite escorridos e cortados em pedaços • 2 colheres (chá) de folhas de tomilho

POLENTA: 350 g de polenta instantânea • 2 litros de caldo de legumes • 50 g de parmesão ralado • um punhado de salsinha picada • sal e pimenta--do-reino moída na hora

1 Faça a polenta seguindo as instruções da embalagem e usando caldo de legumes em vez de água. Quando ela engrossar, acrescente o parmesão e a salsinha e tempere com sal e pimenta.

2 Enquanto isso, coloque o mascarpone em uma panela e junte o leite e o parmesão. Mexa em fogo baixo por 2 minutos ou até ficar homogêneo.

3 Acrescente metade das alcachofras ao creme de mascarpone e, com um mixer, bata até obter um purê bem uniforme. Junte o restante das alcachofras e o tomilho e mexa em fogo baixo até aquecer completamente. Tempere com sal e pimenta.

4 Coloque a polenta em uma travessa funda e, sobre ela, o molho de alcachofra. Sirva imediatamente.

CHILLI BEANS COM CREME DE ABACATE

Esse delicioso chilli sem carne é uma ótima opção de prato coringa que fica ainda melhor com o creme de abacate como acompanhamento.

3 colheres (sopa) de azeite • 1 cebola picada • 1 colher (chá) de cominho em pó • 1 colher (chá) de coentro em pó • 1 colher (chá) de chilli em pó, mais um pouco a gosto • 400 g de tomates-cereja cortados ao meio • 1 colher (chá) de açúcar • 400 g de feijão-vermelho ou carioca cozido e enxaguado • 400 g de feijão-branco cozido e enxaguado • 400 g de feijão-fradinho cozido e enxaguado • um punhado de folhas de coentro picadas • sal e pimenta-do-reino moída na hora

CREME DE ABACATE: 1 abacate maduro (ou 2 avocados) picado grosseiramente • 6 colheres (sopa) de creme de leite fresco misturado com gotas de limão

PARA ACOMPANHAR: tortilhas e salada de folhas variadas

1 Em fogo médio, aqueça o azeite em uma panela grande. Refogue a cebola e as especiarias por 2-3 minutos, mexendo regularmente, até ficar macia.

2 Junte os tomates, o açúcar e os feijões. Deixe ferver, abaixe o fogo e cozinhe em fogo brando por 15 minutos, até reduzir e engrossar. Tempere com sal e pimenta e misture três quartos do coentro. Experimente e coloque mais chilli, se quiser.

3 Enquanto isso, bata o abacate com o creme azedo até ficar homogêneo. Tempere a gosto.

4 Salpique o restante do coentro sobre o chilli e sirva com o creme, as tortilhas e a salada de folhas.

ORECCHIETTE COM FOLHAS DE NABO >

Quem gosta de verduras levemente amargas vai adorar a maneira como as cime di rape (folhas de nabo) complementam o sabor amanteigado das orecchiette e das avelãs torradas, nesse prato tradicional do Sul da Itália. Se não encontrar as folhas, pode substituí-las por outras opções amarguinhas, como o almeirão ou a escarola.

450 g de orecchiette • 3 colheres (sopa) de azeite • 2 dentes de alho fatiados bem fininho • 575 g de folhas de nabo, almeirão ou escarola picadas grosseiramente sem os talos duros • suco de 1 limão-siciliano pequeno • um punhado de avelãs torradas picadas • sal e pimenta-do-reino moída na hora

PARA ACOMPANHAR: gomos de limão-siciliano e salada de folhas variadas

1 Ferva água com sal em uma panela grande e cozinhe as orecchiette por 2 minutos a menos que o tempo indicado na embalagem, até ficar quase *al dente*.
2 Enquanto isso, aqueça o azeite em uma frigideira antiaderente grande, em fogo médio. Refogue o alho por 1 minuto. Acrescente as folhas e refogue por 3-4 minutos, até murcharem.
3 Acrescente o suco de limão-siciliano, tempere com sal e pimenta e cozinhe por mais 1-2 minutos.
4 Com uma escumadeira, transfira a massa para a panela com as folhas. Mexa e cozinhe por mais 2 minutos, até o macarrão absorver o sabor do limão-siciliano e ficar *al dente*.
5 Salpique as avelãs sobre a massa e sirva com os gomos de limão-siciliano e a salada de folhas variadas.

LINGUINE COM PESTO DE NOZES

Se tiver problemas para encontrar o óleo de nozes, pode substituí-lo por azeite extravirgem, que também vai ficar ótimo. Tome cuidado para não processar demais as nozes ou elas podem ficar muito oleosas e perder o sabor e a textura crocante.

450 g de linguine • 2 dentes de alho descascados • 100 g de parmesão ralado, mais um pouco para servir • 100 g de nozes • 4-5 colheres (sopa) de óleo de nozes ou azeite extra virgem • um punhado pequeno de salsinha picada • sal e pimenta-do-reino moída na hora

PARA ACOMPANHAR: salada de rúcula, agrião e espinafre

1 Ferva água com sal em uma panela grande e cozinhe o linguine por 10-12 minutos, até ficar *al dente*.
2 Enquanto isso, coloque o alho, o parmesão e as nozes no processador e bata até obter uma pasta espessa. Acrescente o óleo de nozes e a salsinha e tempere com sal e pimenta.
3 Escorra o linguine, coloque-o de volta na panela, acrescente o pesto e aqueça. Sirva com parmesão ralado, se desejar, e a salada de rúcula, agrião e espinafre.

QUEM PODERIA PENSAR QUE EM MENOS DE 30 MINUTOS SERIA POSSÍVEL ASSAR UMA TILÁPIA--VERMELHA E SERVI-LA COM MOLHO PICANTE, FAZER CLAFOUTIS DE TOMATE-CEREJA OU PREPARAR UM CURRY DE FRANGO TAILANDÊS? AQUI ESTÃO PRATOS QUE, COM CERTEZA, SERÃO UM SUCESSO COM A FAMÍLIA E PODEM FAZER BONITO EM QUALQUER JANTAR ESPECIAL.

REFEIÇÕES EM VINTE E CINCO MINUTOS

CURRY DE FRANGO TAILANDÊS

Eu usei pasta de curry vermelho nessa receita, mas o curry verde também dá certo. Então, fique à vontade para experimentar.

2 colheres (sopa) de azeite • 1 cebola picada • 2 dentes de alho picados • 450 g de filé de peito de frango sem pele cortado em cubos de 2 cm • 2 colheres (sopa) de pasta de curry vermelho • 2 colheres (chá) de açúcar • 1 colher (chá) de molho de peixe (nam pla) • 400 ml de leite de coco • 2 folhas de limão kaffir desidratadas e picadas (opcional) • 250 g de arroz de jasmim • sal e pimenta-do-reino moída na hora

1 Em fogo médio, aqueça o azeite em uma panela grande de fundo grosso. Refogue a cebola e o alho por 2 minutos, até ficarem macios.
2 Acrescente o frango e cozinhe por 3-4 minutos, virando de vez em quando, até dourar. Misture a pasta de curry, o açúcar, o molho de peixe e o leite de coco; tempere com sal e pimenta.
3 Deixe ferver, abaixe o fogo e cozinhe por 15 minutos ou até o frango ficar completamente cozido. Junte as folhas de limão kaffir (se usar).
4 Enquanto isso, ponha o arroz de jasmim em uma panela média e cubra com 600 ml de água. Deixe ferver, abaixe o fogo, tampe e cozinhe por 10-12 minutos, até o arroz ficar cozido, e a água ter sido absorvida. Retire a panela do fogo e deixe descansar tampada, até a hora de servir. Mexa o arroz com um garfo e sirva com o curry de frango.

TIRAS DOURADAS DE FRANGO COM MAIONESE

Tirinhas de frango crocante vão muito bem com essa maionese de alho e ervas.

450 g de batata bolinha • 90 ml de azeite • ½ colher (chá) de orégano • 2 dentes de alho amassados • 450 g de filés de peito de frango • 50 g de parmesão ralado • 4 colheres (sopa) de farinha de rosca de pão amanhecido • 1 ovo batido • sal e pimenta-do-reino moída na hora

MAIONESE DE ALHO E ERVAS: 1 ovo • 2 colheres (sopa) de vinagre de vinho branco • 2 dentes de alho descascados • 200 ml de óleo de girassol • um punhado de ervas mistas (cebolinha, salsinha e manjericão) picadas

PARA ACOMPANHAR: salada de folhas variadas

1 Coloque as batatinhas em uma panela grande com metade do azeite e do orégano. Tampe e cozinhe em fogo médio por 20 minutos, até ficarem macias e douradas.
2 Enquanto isso, faça a maionese de acordo com as instruções da p. 98, substituindo o suco de limão-siciliano pelo vinagre, e a mostarda pelo alho. Junte as ervas e tempere a gosto.
3 Para preparar o frango, amasse bem o alho com sal e pimenta até obter uma pasta. Passe a mistura sobre os filés e corte-os em tirinhas.
4 Misture o parmesão e a farinha de rosca em um prato. Mergulhe as tirinhas de frango no ovo e, em seguida, passe-as sobre a farinha para cobri-las.
5 Em fogo médio, aqueça o restante do azeite em uma frigideira antiaderente grande. Frite o frango em duas levas por 5-6 minutos. Sirva com a maionese, as batatinhas e a salada de folhas variadas.

FRANGO COM QUEIJO E PANCETTA

450 g de batata-doce ou mandioquinha descascada e cortada em pedaços pequenos • 30 g de manteiga • 4 filés de peitos de frango sem pele com aproximadamente 175 g cada • 115 g de emmental, gouda ou similar cortado em 4 fatias longas • 8 fatias igualmente longas de pancetta ou bacon • 3 colheres (sopa) de azeite • 1 kg de folhas de espinafre • sal e pimenta-do-reino moída na hora

1 Cozinhe a batata-doce ou mandioquinha em uma panela com água fervente e sal por 15-20 minutos, até amaciar; escorra, amasse e misture com a manteiga.

2 Com uma faca afiada, faça um corte em cada peito de frango e coloque uma fatia de queijo dentro dele. Enrole duas fatias de pancetta ou bacon ao redor de cada peito, até cobri-lo completamente.

3 Em fogo médio, aqueça o azeite em uma frigideira antiaderente grande. Frite os peitos de frango por 10 minutos de cada lado, até a pancetta ficar dourada, e a carne ficar completamente cozida.

4 Ao mesmo tempo, cozinhe o espinafre em uma panela apenas com a água da lavagem que ficar sobre as folhas, por 2-3 minutos, até murcharem; tempere a gosto. Sirva o frango com o purê de batata-doce e o espinafre.

ESCALOPE DE CARNE DE PORCO TONNATO

Essa variação do clássico prato italiano vitello tonnato é uma ótima opção de jantar.

450 g de batata bolinha • 15 g de manteiga • 4 escalopes de carne de porco com aproximadamente 175 g cada (lombo ou pernil) • 2 colheres (sopa) de azeite • 6 folhas de sálvia • 1 colher (sopa) de alcaparras dessalgadas e escorridas • um punhado de salsinha picada • sal e pimenta-do-reino moída na hora
MOLHO DE ATUM: 1 ovo • suco de ½ limão-siciliano pequeno • 200 ml de óleo de girassol • 125 g de atum em conserva de azeite escorrido

PARA ACOMPANHAR: gomos de limão-siciliano e 4 minialfaces romanas cortadas em quatro

1 Cozinhe as batatinhas em uma panela com água fervente e sal por 15-20 minutos, até ficarem macias; escorra e misture a manteiga.
2 Para fazer o molho de atum, bata o ovo no processador com o suco de limão-siciliano e um pouco de sal e pimenta até ficar homogêneo. Com o aparelho ligado, coloque o óleo de girassol em fio, aos poucos. Quando o molho começar a engrossar, junte o óleo mais rapidamente. Assim que todo o óleo tiver sido absorvido, acrescente o atum e bata ligeiramente, só para misturar.
3 Tempere a carne. Cubra com filme de PVC e bata com um martelo de carne para ficar fininha. Em fogo médio, aqueça o azeite em uma frigideira antiaderente grande. Refogue com a sálvia por 4 minutos de cada lado, até cozinhar e dourar. Transfira para uma travessa.
4 Cubra com o molho de atum e distribua as alcaparras e a salsinha. Tempere com mais pimenta e sirva com os gomos de limão, as batatinhas e as minialfaces.

LOMBO DE PORCO COM AMEIXAS-PRETAS

Esses suculentos pedacinhos de lombo são servidos com um molho cremoso de ameixas secas. A versão em calda também pode ser utilizada.

250 g de arroz parboilizado • 1 colher (sopa) de azeite • 1 cebola roxa finamente picada • 2 dentes de alho amassados • 8 folhas de sálvia • 450 g de lombo de porco fatiado • 100 ml de vinho branco seco • um punhado grande de ameixas-pretas secas ou em calda escorridas • 1 colher (sopa) de mostarda de Dijon • 150 ml de creme de leite fresco • 450 g de ervilhas-tortas • sal e pimenta-do-reino moída na hora

1 Ponha o arroz em uma panela média, cubra com 600 ml de água e tempere a gosto. Deixe ferver, abaixe o fogo, tampe e cozinhe por 10 minutos ou até o arroz ficar cozido, e a água ter sido absorvida. Retire a panela do fogo e deixe descansar, tampada, até a hora de servir.
2 Enquanto isso, aqueça o azeite em uma frigideira antiaderente grande, em fogo médio. Refogue a cebola, o alho e a sálvia por 2 minutos, até ficarem macios. Acrescente o lombo de porco e refogue por 6 minutos, mexendo de vez em quando, até dourar.
3 Coloque o vinho na panela, abaixe o fogo e acrescente as ameixas e a mostarda. Cozinhe em fogo brando por 2 minutos, mexendo de vez em quando, e junte o creme de leite. Tempere com sal e pimenta. Deixe no fogo por mais 3 minutos, mexendo frequentemente, até o creme de leite reduzir e engrossar.
4 Ao mesmo tempo, cozinhe as ervilhas-tortas em água com sal por 2-3 minutos, até ficarem macias, mas ainda crocantes; escorra. Sirva a carne de porco com o arroz e as ervilhas-tortas.

TENDER COM RELISH DE HORTELÃ E ABACAXI

O salgado do tender com o doce do abacaxi suculento formam uma combinação clássica. Acrescente hortelã picada e sirva com batatinhas apimentadas e você terá um prato muito especial.

5 colheres (sopa) de azeite • 450 g de batata bolinha cortada em quatro • 1 pitada de pimenta-calabresa em flocos (a gosto) • 4 fatias de tender com aproximadamente 175 g cada • 450 g de ervilhas-tortas • sal e pimenta-do-reino moída na hora

RELISH DE HORTELÃ E ABACAXI: 1 abacaxi pequeno descascado, sem o miolo e picado grosseiramente • 1 cebola roxa picada • 1 colher (sopa) de azeite extravirgem • um punhado de hortelã picada

1 Em fogo médio, aqueça 4 colheres (sopa) de azeite em uma frigideira antiaderente grande. Salteie as batatinhas e a pimenta-calabresa por 15-20 minutos, virando de vez em quando, até ficarem macias e douradas. Escorra em papel-toalha e tempere com sal e pimenta.

2 Enquanto isso, faça o relish. Coloque o abacaxi em uma tigela com a cebola, o azeite e a hortelã. Tempere com um pouco de pimenta-do-reino; reserve.

3 Pincele os pedaços de tender com o restante do azeite. Em fogo médio-alto, aqueça uma frigideira antiaderente grande. Grelhe o tender por 4-5 minutos de cada lado até dourar.

4 Deixe as ervilhas-tortas no vapor por 2-3 minutos ou até ficarem macias. Sirva o tender com uma colherada generosa de relish, as batatinhas com pimenta e as ervilhas-tortas ao lado.

BOLINHOS DE LINGUIÇA

Escolha linguiças de boa qualidade e com pouca gordura; retire a pele e use a carne para fazer os bolinhos. Os feijões-brancos já cozidos vão muito bem com esse prato e podem ser encontrados em supermercados e mercearias.

800 g de carne de linguiça • 1 cebola finamente picada • 1 colher (chá) de orégano • 2 colheres (sopa) de azeite • 2 dentes de alho picados • uma pitada de pimenta-calabresa em flocos • 800 g de couve sem o talo e picada grosseiramente • suco de 1 limão (opcional) • 700 g de feijões-brancos em lata enxaguados • sal e pimenta-do-reino moída na hora

PARA ACOMPANHAR: baguete

1 Preaqueça uma frigideira ou chapa de fogão em temperatura alta.
2 Coloque a linguiça em uma tigela grande e acrescente a cebola e o orégano. Amasse até misturar bem, divida a massa em oito porções e faça bolinhos, como hambúrgueres pequenos, de 1 cm de altura.
3 Grelhe os bolinhos de linguiça por 4 minutos de cada lado ou até cozinhar completamente.
4 Enquanto isso, aqueça o azeite em uma frigideira antiaderente grande, em fogo médio. Refogue o alho e a pimenta por 1 minuto, mexendo para o azeite pegar o sabor e o aroma da pimenta. Acrescente a couve e refogue por 3 minutos, mexendo regularmente, até murchar. Adicione o suco de limão e tempere a gosto.
5 Em fogo médio-baixo, aqueça o feijão por 2-3 minutos. Sirva o bolinho de linguiça com a couve, o feijão e fatias da baguete.

SATAY DE CORDEIRO

A carne de cordeiro vai muito bem com o delicioso molho de amendoim. Você vai precisar de doze espetinhos.

450 g de lombo de cordeiro cortado em 12 tiras finas • 250 g de talharim fresco ou macarrão instantâneo • um punhado de coentro picado
MARINADA: 1 dente de alho amassado • um pedaço de 2,5 cm de gengibre fresco descascado e picado • 1 colher (sopa) de mel • 1 colher (chá) de molho de peixe (nam pla) • suco de 1 limão
MOLHO SATAY: 100 g de manteiga de amendoim • 100 ml de leite de coco • 1-2 colheres (chá) de molho de pimenta • 1 dente de alho amassado • 1 colher (sopa) de shoyu

PARA ACOMPANHAR: salada de espinafre

1 Coloque as tiras de cordeiro em doze espetinhos e deixe em um prato raso. Misture todos os ingredientes da marinada, regue o cordeiro com ela e misture bem. Deixe marinar por 10 minutos.
2 Enquanto isso, preaqueça uma frigideira ou chapa de fogão em temperatura alta. Misture todos os ingredientes do molho e reserve.
3 Grelhe o cordeiro por 3-4 minutos de cada lado até dourar. Descarte o que sobrar da marinada.
4 Ao mesmo tempo, ferva água com sal em uma panela e cozinhe o talharim por 3-4 minutos ou até ficar macio; escorra. Salpique o coentro sobre o cordeiro e sirva com o talharim, o molho satay e a salada de espinafre.

PICADILLO COM MOLHO DE ABACATE

Essa é a minha versão de carne moída picante que é muito popular na culinária mexicana. É frequentemente usado como recheio de tortilhas e tacos, justamente o modo como gosto de servi-lo, acrescido deste delicioso molho de abacate.

2 colheres (sopa) de azeite • 2 dentes de alho amassados • 1 cebola picada • 450 g de carne magra moída • 400 g de tomate pelado em lata picado • 100 ml de vinho branco • 3-4 pimentas jalapeño em conserva picadas (pode ser pimenta dedo-de-moça ou outra de sua preferência) • um punhado de azeitonas verdes sem caroço • 4 tacos • sal e pimenta-do-reino moída na hora

MOLHO DE ABACATE: 1 abacate (ou 2 avocados) maduro cortado em cubos • 1 tomate grande sem semente cortado em cubos • 1 cebola roxa pequena finamente picada • um punhado de folhas de coentro picadas • suco de 1 limão

1 Em fogo médio, aqueça o azeite em uma frigideira antiaderente grande. Refogue o alho e a cebola por 2 minutos, até ficarem macios. Acrescente a carne moída e refogue por 3-4 minutos, mexendo frequentemente, até cozinhar.

2 Junte o tomate, o vinho, as pimentas e as azeitonas. Tempere com sal. Deixe ferver, abaixe o fogo e cozinhe por 15 minutos, até reduzir e engrossar.

3 Enquanto isso, preaqueça o forno a 180°C. Misture todos os ingredientes do molho de abacate e tempere a gosto.

4 Coloque os tacos em uma assadeira e aqueça por 5 minutos. Coloque o picadillo dentro dos tacos e sirva com o molho.

SALADA DE TALHARIM COM TIRAS DE CARNE >

Embora eu sugira que, nessa receita, a carne seja servida quente, ela também fica muito boa em temperatura ambiente.

2 colheres (sopa) de shoyu • 1 colher (sopa) de molho de peixe (nam pla) • 1-2 colheres (chá) de molho de pimenta • 1 dente de alho amassado • dois punhados de amendoins salgados picados grosseiramente • 450 g de bifes finos de carne magra em tiras • 2 colheres (sopa) de azeite • um punhado de folhas de coentro

SALADA DE TALHARIM: 100 g de macarrão de arroz • um punhado de vagem • 1 colher (sopa) de mel • suco de 1 limão • 3 colheres (sopa) de azeite • 1 colher (sopa) de molho de peixe • um punhado de ervilhas-tortas • 3 cebolinhas fatiadas na diagonal • sal

1 Ferva água com sal em uma panela e cozinhe o talharim por 3-4 minutos, até amaciar. Escorra e enxágue em água corrente fria filtrada; deixe em uma tigela.
2 Escalde a vagem por 2 minutos em água fervente, escorra e enxágue em água corrente fria. Misture o mel, o limão, o azeite e o molho de peixe. Acrescente a vagem ao talharim com as ervilhas-tortas e a cebolinha. Cubra com o molho.
3 Misture o shoyu, os molhos de peixe e de pimenta e o alho em uma tigela. Ponha o amendoim em outro recipiente. Passe a carne na mistura de molhos e, em seguida, no amendoim, pressionando com firmeza, até cobrir levemente.
4 Em fogo médio-alto, aqueça o azeite em um wok ou uma frigideira antiaderente grande. Refogue a carne por 4-5 minutos, até o amendoim dourar.
5 Salpique o coentro sobre o talharim e a carne.

COSTELETAS DE VITELA COM SÁLVIA E VINHO TINTO

Esse prato, excelente para um jantar especial, também funciona bem com costeletas de porco. Nesse caso, talvez seja preciso servir duas por pessoa, já que elas são bem menores que as de vitela.

4 colheres (sopa) de azeite • 450 g de batata bolinha cortada ao meio • 3 dentes de alho fatiados • um punhado de folhas de sálvia • 4 costeletas de vitela • 200 ml de vinho tinto • 400 g de ervilhas-tortas • sal e pimenta-do-reino moída na hora

1 Em fogo médio, aqueça metade do azeite em uma frigideira antiaderente grande. Salteie as batatinhas por 15-20 minutos, até ficarem macias e douradas. Tempere com sal e pimenta.
2 Enquanto isso, aqueça o restante do azeite em outra frigideira antiaderente grande, em fogo médio-alto. Refogue o alho e a sálvia por 2 minutos, mexendo com frequência, até o alho ficar macio.
3 Tempere a vitela com sal e pimenta e leve à frigideira com o alho e a sálvia. Aumente um pouco o fogo e refogue a vitela por 5 minutos de cada lado, até ficar cozida e dourada. Acrescente o vinho tinto e deixe ferver por 4-5 minutos, até o molho reduzir.
4 Enquanto isso, faça as ervilhas-tortas no vapor por 2-3 minutos, até ficarem macias. Sirva a vitela com as batatinhas e as ervilhas-tortas.

PARGO COM LIMÃO E AZEITONAS

O segredo desse suculento peixe assado é deixar o forno bem quente – fora isso, a preparação é extremamente simples e rápida. Peça para o peixeiro preparar o peixe para você.

4 filés de pargo limpos, com pele e sem escamas • 4 colheres (sopa) de azeite extravirgem • suco de 1 limão-siciliano pequeno • 1 limão-siciliano cortado em gomos • 3-4 ramos de tomilho • um punhado de azeitonas pretas sem caroço • 450 g de brotos de brócolis japonês

QUINOA COM LIMÃO-SICILIANO E SALSINHA: 250 g de quinoa • raspas e suco de 1 limão-siciliano • um punhado de salsinha picada • sal e pimenta-do-reino moída na hora

1 Preaqueça o forno a 220°C.
2 Faça três cortes na parte de cima de cada filé de peixe e coloque-os em uma assadeira ou refratário. Pincele o peixe com azeite.
3 Esprema o limão e disponha os pedaços sobre os filés. Espalhe as folhas de tomilho e as azeitonas sobre eles e tempere com sal e pimenta. Asse por 20 minutos ou até ficarem cozidos.
4 Enquanto isso, coloque a quinoa em uma panela e cubra com água. Deixe ferver, reduza o fogo, tampe e cozinhe por 10 minutos, até ficar macia. Escorra bem. Misture as raspas, o suco de limão-siciliano e a salsinha à quinoa e tempere a gosto.
5 Ao mesmo tempo, cozinhe os brócolis no vapor por 4-5 minutos, até ficar macio. Sirva o peixe com os brócolis e a quinoa.

< FILÉ DE PEIXE COM MOLHO TZATZIKI

Esse é um jeito excelente de preparar peixe branco. O limão e o tzatziki (molho grego à base de iogurte e pepino) fazem um acompanhamento refrescante para o peixe apimentado.

450 g de batata bolinha cortada ao meio • 2 dentes de alho descascados • 1 colher (sopa) de pimenta-do-reino moída na hora (ou mais, a gosto) • 1 colher (sopa) de orégano • 1 colher (sopa) de folhas de tomilho • 1 colher (chá) de pimenta-de-caiena • 40 g de manteiga • 4 filés de peixe branco com aproximadamente 175 g cada (pescada, cherne ou badejo)

MOLHO TZATZIKI: 300 ml de iogurte natural • 1 pepino pequeno descascado, sem sementes e cortado em cubos • sal e pimenta-do-reino moída na hora

PARA ACOMPANHAR: gomos de limão e salada de folhas variadas

1 Cozinhe as batatinhas em água fervente e sal por 15-20 minutos ou até ficarem macias; escorra.
2 Enquanto isso, ponha uma pitada de sal sobre o alho e amasse, formando uma pasta. Coloque em uma tigela e acrescente a pimenta-do-reino. Junte as ervas e a pimenta-de-caiena.
3 Em fogo alto, aqueça a manteiga em uma frigideira antiaderente grande. Passe um pouco da manteiga sobre os filés e cubra um dos lados de cada um com a mistura de pimentas. Frite o peixe na manteiga restante – primeiro, o lado com a pimenta para baixo – por 3 minutos, até o lado coberto ficar escuro e crocante. Vire os filés e frite por mais 3 minutos.
4 Coloque o iogurte em uma tigela de servir. Junte o pepino e tempere a gosto. Sirva o peixe com o molho tzatziki, as batatinhas, a salada e os gomos de limão.

PEIXE ASSADO COM MOLHO PICANTE >

Esse molho picante dá um toque especial ao salmonete ou à tilápia-vermelha. Se você só encontrar peixes pequenos, sirva um inteiro por pessoa.

2 salmonetes ou tilápias-vermelhas grandes, limpas, sem escamas e evisceradas • 2 limões-sicilianos • 2 batatas-doces descascadas e cortadas em cubos • 2 colheres (sopa) de azeite • 400 g de ervilhas-tortas • sal e pimenta-do-reino moída na hora

MOLHO PICANTE:

1 pimenta-malagueta pequena seca picada • 135 ml de azeite extravirgem • 2 dentes de alho fatiados • 2 colheres (sopa) de tomates secos bem picados • 1 colher (sopa) de mostarda de Dijon • 2 colheres (sopa) de ketchup

1 Preaqueça o forno a 220°C.
2 Faça dois cortes na parte de cima de cada peixe e coloque-os em uma assadeira. Corte um dos limões-sicilianos em quartos e disponha-os ao redor dos peixes com as batatas-doces. Regue-os com o azeite e um pouco do suco do outro limão. Tempere com sal e pimenta e asse por 20 minutos, até os peixes ficarem cozidos, e as batatas, macias.
3 Enquanto isso, prepare o molho. Toste a pimenta-malagueta em uma frigideira por 1 minuto, até ficar ligeiramente torrada. Acrescente o azeite, o alho e os tomates secos e refogue em fogo baixo por 3-4 minutos, para que o azeite absorva os aromas e sabores. Junte a mostarda, o ketchup e o restante do suco de limão e tempere a gosto.
4 Cozinhe as ervilhas-tortas no vapor por 2-3 minutos, até ficarem macias. Coloque colheradas do molho sobre os peixes e sirva com as batatas-doces e as ervilhas-tortas.

PEIXE PICANTE COM CUSCUZ MARROQUINO

O peixe em crosta de especiarias fica muito bom com cuscuz amanteigado e açafrão.

300 g de cuscuz marroquino • uma pitada de pistilos de açafrão • 500 ml de caldo quente de legumes ou frango • um punhado de uvas-passas brancas • um punhado de lâminas de amêndoas tostadas • ½ limão-siciliano em conserva picado ou raspas dele • 90 g de manteiga • 2 colheres (sopa) de coentro em grãos • 2 colheres (sopa) de cominho em grãos • 2 colheres (chá) de canela em pó • 1 dente de alho amassado • 5-6 colheres (sopa) de azeite • 4 filés de badejo com aproximadamente 200 g cada • um punhado de folhas de coentro picadas • sal e pimenta-do-reino moída na hora

PARA ACOMPANHAR: salada de tomate e rúcula

1 Preaqueça o forno a 200°C.
2 Ponha o cuscuz em uma fôrma refratária e misture com o açafrão. Junte o caldo, mexa, tampe e reserve por 4-5 minutos. Misture as passas, as amêndoas e o limão; tempere com sal e pimenta. Coloque metade da manteiga sobre a mistura e asse por 10 minutos.
3 Toste as especiarias em uma frigideira por 2 minutos ou até liberarem o aroma. Com um pilão, amasse-as até virarem pó. Junte a canela, o alho e 2-3 colheres (sopa) de azeite para obter uma pasta espessa. Passe-a sobre os filés de peixe.
4 Em fogo médio-alto, aqueça o restante do azeite em uma frigideira antiaderente grande. Doure o peixe por 4-5 minutos de cada lado, até ficar crocante.
5 Retire o cuscuz do forno e misture o restante da manteiga e do coentro. Sirva o peixe com o cuscuz e a salada de tomate e rúcula.

BACALHAU COM PARMESÃO E CREME DE MILHO

O creme de milho com manteiga é uma delícia – dá uma nova dimensão ao simples milho enlatado.

2 colheres (sopa) de farinha de trigo • 50 g de parmesão ralado • 2 colheres (sopa) de cebolinha finamente picada • 4 filés de bacalhau fresco ou cherne com aproximadamente 175 g cada • 1 clara de ovo batida • 4 colheres (sopa) de azeite • 450 g de penne fresco • sal e pimenta-do-reino moída na hora
CREME DE MILHO COM MANTEIGA: 350 g de milho-verde em lata • 1 folha de louro • ¼ de colher (sopa) de açúcar • 40 g de manteiga

1 Para fazer o creme, coloque o milho em uma panela com a folha de louro e água suficiente para cobri-lo. Deixe ferver, abaixe o fogo e cozinhe por 3-4 minutos, até ficar macio.
2 Enquanto isso, misture a farinha, o parmesão e a cebolinha em um prato e tempere com um pouco de sal e pimenta; reserve.
3 Escorra o milho e transfira para o liquidificador, sem a folha de louro. Acrescente o açúcar e bata até obter um purê quase homogêneo. Retorne à panela. Junte metade da manteiga, tempere a gosto e aqueça.
4 Passe o peixe na clara de ovo e, em seguida, na mistura de parmesão, até cobri-lo. Em fogo médio, aqueça o azeite em uma frigideira antiaderente grande. Frite o peixe por 4 minutos de cada lado ou até ficar cozido e dourado.
5 Ao mesmo tempo, ferva água com sal em uma panela e cozinhe o penne por 2-3 minutos, até ficar al dente. Escorra e misture a manteiga restante. Sirva o peixe com o creme de milho e o penne.

SALMÃO AO MOLHO DE LIMÃO E MANTEIGA

Esse saboroso molho de limão é um ótimo acompanhamento para filés suculentos de salmão, mas é outro daqueles molhos versáteis que vão igualmente bem com peixes brancos.

450 g de batata bolinha • 4 filés de salmão com aproximadamente 175 g cada • 2 colheres (sopa) de azeite • suco de ½ limão-siciliano • 450 g de ervilhas congeladas • sal e pimenta-do-reino moída na hora
MOLHO DE LIMÃO-SICILIANO E MANTEIGA: suco de 1 limão-siciliano • 3 colheres (sopa) de creme de leite fresco • 200 g de manteiga cortada em cubos • um punhado de salsinha picada

1 Preaqueça o forno a 200°C. Cozinhe as batatinhas em água fervente com sal por 15-20 minutos ou até ficarem macias. Escorra e reserve.
2 Enquanto isso, tempere o salmão com sal e pimenta. Em fogo alto, aqueça o azeite em uma frigideira antiaderente grande. Grelhe o salmão por 2 minutos de cada lado e transfira para uma assadeira. Esprema o limão-siciliano por cima e asse em forno preaquecido por 6 minutos ou até começar a cozinhar, mas ainda ficar ligeiramente opaco no centro.
3 Para fazer o molho, coloque o suco de limão-siciliano em uma panela pequena, acrescente o creme de leite e 2 colheres (sopa) de água; cozinhe em fogo baixo. Incorpore a manteiga aos poucos , mexendo bem, até o molho engrossar e ficar cremoso. Junte a salsinha e tempere a gosto.
4 Cozinhe as ervilhas em água com sal por 3-4 minutos, até ficarem macias, depois escorra. Sirva o salmão com o molho, com as batatinhas e as ervilhas ao lado.

ATUM EM CROSTA DE PIMENTA COM RELISH DE VAGEM

O atum tem uma textura firme que combina bem com a crosta crocante de pimenta-do-reino em grãos. O açúcar equilibra um pouco a pimenta; por isso, não fique tentado a deixá-la de lado.

300 g de cuscuz marroquino • 500 ml de caldo quente de legumes. • 4 punhados de vagem-macarrão • um punhado de tomates-cereja cortados ao meio • um punhado de azeitonas pretas sem caroço • 2 dentes de alho amassados • 135 ml de azeite • 2 colheres (sopa) de vinagre balsâmico • 4 filés de atum com aproximadamente 200 g cada • 2 colheres (sopa) de pimenta-do-reino moída grosseiramente • 1 colher (chá) de açúcar mascavo

1 Coloque o cuscuz marroquino em uma tigela e cubra-o com o caldo quente. Mexa, tampe e aguarde 5-6 minutos, até o caldo ser absorvido. Solte os grãos com um garfo e reserve, tampado.
2 Para o relish, ferva as vagens em água com sal por 2 minutos. Escorra e enxágue em água corrente fria filtrada. Transfira para uma panela e junte os tomates, as azeitonas e o alho. Acrescente 6 colheres (sopa) de azeite e o vinagre balsâmico e mexa. Aqueça em fogo baixo por 4-5 minutos.
3 Enquanto isso, pincele os filés de atum com um pouco do azeite restante. Misture a pimenta e o açúcar e passe o peixe sobre a mistura, pressionando dos dois lados para cobri-lo.
4 Em fogo médio-alto, aqueça o restante do azeite em uma frigideria. Grelhe o atum por cerca de 2 minutos de cada lado até ficar tostado, mas ainda ligeiramente rosado no centro (o tempo de cozimento varia de acordo com a espessura dos filés). Sirva o atum com o relish de vagem e o cuscuz.

ROBALO ASSADO EM PAPILLOTES

Assar peixes em papel-manteiga ou papel-alumínio ajuda a manter a umidade e o sabor, e grande parte da pele sai quando se desembrulha o peixe.

4 filés de robalo ou peixe branco firme de aproximadamente 200 g com pele e sem escamas • 450 g de ervilhas-tortas

MOLHO: 125 ml de azeite extravirgem • 1 tomate grande maduro sem sementes picado grosseiramente • 2 colheres (sopa) de erva-doce finamente picada • 1 cebola roxa pequena fatiada finamente • 1 dente de alho amassado • raspas finas e suco de 1 limão • 1 pimenta-malagueta pequena seca picada (opcional) • sal e pimenta-do-reino moída na hora

PARA ACOMPANHAR: baguete

1 Preaqueça o forno a 220°C.

2 Unte com azeite as folhas de papel-manteiga ou alumínio, disponha um filé em cada uma e faça uma trouxinha juntando bem as pontas. Transfira os papilotes para uma assadeira e asse por 20 minutos ou até o peixe ficar cozido.

3 Enquanto isso, cozinhe as ervilhas-tortas em água fervente com sal por 4-5 minutos, até ficarem macias; escorra.

4 Para fazer o molho, coloque o azeite em uma panela pequena. Junte o tomate, a erva-doce, o alho, o suco e as raspas de limão e amasse a pimenta (se usar). Tempere com sal e pimenta e aqueça ligeiramente em fogo baixo. Coloque o molho em uma molheira.

5 Sirva o peixe ainda embrulhado, assim cada um pode abrir o seu na mesa e se servir do molho. As ervilhas-tortas e fatias da baguete acompanham o prato.

CAFTAS DE PEIXE E ARROZ COM COCO

Picantes, deliciosos e fáceis de fazer, esses espetinhos de peixe também são ótimos para churrasco.

1 colher (sopa) de coentro em grãos • 1 colher (sopa) de cominho em grãos • 250 g de filé de peixe branco sem pele • 250 g de camarões crus descascados e limpos • 1 colher (chá) de canela em pó • 1 colher (chá) de gengibre em pó • 1 dente de alho descascado • raspas de 1 limão-siciliano • 1 colher (chá) de açúcar mascavo • 2 colheres (sopa) de coco ralado desidratado • 2 colheres (sopa) de azeite • sal

ARROZ COM COCO: 250 g de arroz basmati • 400 ml de leite de coco

PARA ACOMPANHAR: salada de folhas variadas

1 Coloque o arroz em uma panela média com o leite de coco e 200 ml de água, com sal a gosto. Deixe ferver, abaixe o fogo, tampe e cozinhe por 15 minutos, até o arroz ficar cozido, e o líquido ter sido absorvido. Retire a panela do fogo e deixe descansar, tampada, até a hora de servir.

2 Enquanto prepara o arroz, toste as especiarias em um frigideira por 2-3 minutos, até liberar o aroma. Com um pilão, amasse-as até virarem pó.

3 Coloque o peixe e os camarões no processador com as especiarias em pó e o alho. Bata até obter uma pasta espessa e coloque em uma tigela. Junte as raspas de limão-siciliano, o açúcar, o coco seco e misture. Tempere com sal. Modele essa massa em formato de cafta em volta dos oito espetinhos.

4 Em fogo médio, aqueça o azeite em uma frigideira antiaderente grande. Frite as caftas por 6-7 minutos, virando, até dourar. Sirva com o arroz e a salada de folhas variadas.

LINGUINE COM VÔNGOLES E VINHO BRANCO

Essa é a minha versão do espaguete com vôngoles – um dos meus pratos italianos preferidos. A receita também fica boa com mexilhões.

400 g de linguine • 2 colheres (sopa) de azeite • 2 cebolas roxas pequenas finamente picadas • 2 dentes de alho fatiados • 1 kg de vôngoles limpos • 100 ml de vinho branco seco • um punhado de salsinha picada

PARA ACOMPANHAR: salada de tomate e manjericão roxo

1 Ferva água com sal em uma panela grande e cozinhe o linguine por 2 minutos a menos que o tempo indicado na embalagem, até ficar quase al dente.

2 Enquanto isso, aqueça o azeite em uma frigideira grande e funda, em fogo médio-alto. Refogue a cebola e o alho por 2 minutos. Acrescente os vôngoles.

3 Aumente o fogo, mexa e adicione o vinho. Tampe e cozinhe por 5 minutos ou até as conchinhas abrirem. Descarte todas as que permanecerem fechadas.

4 Escorra o linguine e transfira para a panela dos vôngoles. Cozinhe em fogo baixo por 2 minutos, mexendo de vez em quando. Acrescente a salsinha e sirva com a salada de tomate e manjericão.

SALADA DE FIGOS FRESCOS, LENTILHAS E FETA

Figos frescos têm uma afinidade fantástica com as lentilhas e o queijo feta. Queijo de cabra também combina muito bem.

300 g de lentilhas puy ou comuns • 4 colheres (sopa) de azeite extravirgem • 1 cebola picada • 1 dente de alho amassado • 1 colher (chá) de alecrim fresco finamente picado • 3 colheres (sopa) de vinagre balsâmico • 3 figos maduros cortados em quartos e depois ao meio • 250 g de feta picado em pedaços não muito pequenos • sal e pimenta-do-reino moída na hora

PARA ACOMPANHAR: salada de rúcula e baguete

1 Cozinhe as lentilhas em água fervente por 20 minutos ou até ficarem macias.
2 Enquanto isso, aqueça 2 colheres (sopa) de azeite em uma panela, em fogo médio. Refogue a cebola, o alho e o alecrim por 2 minutos, até que amoleçam.
3 Escorra as lentilhas cozidas e coloque-as na panela da cebola. Acrescente o vinagre balsâmico e o azeite restante. Tempere com sal e pimenta.
4 Espalhe os figos e o feta sobre as lentilhas. Tempere com mais pimenta e sirva morno, com a salada de rúcula e fatias da baguete.

BOLINHOS DE FETA E MILHO COM MOLHO DE FRUTAS >

Esses bolinhos sempre fazem muito sucesso, e o molho dá um toque especial.

350 g de milho-verde descongelado • 3 ovos, claras e gemas separadas • 1 cebola roxa finamente picada • 2 colheres (sopa) de cebolinha picada • 50 g de farinha de trigo com fermento • 150 g de feta amassado • 30 g de manteiga

MOLHO: 1 abacate pequeno em cubinhos • 1 manga em cubinhos • 1 mamão papaia em cubinhos • 1 cebola roxa bem picada • 1 pimentão vermelho sem sementes em cubinhos • suco de 1 limão • um punhado de coentro picado • sal e pimenta-do-reino moída na hora

PARA ACOMPANHAR: gomos de limão e rúcula

1 Coloque o milho em uma tigela. Junte as gemas, a cebola roxa e a cebolinha; junte a farinha, o feta e mexa. Tempere com sal e pimenta.
2 Bata as claras em neve bem consistente, junte à tigela do milho e misture delicadamente.
3 Em fogo médio, derreta um terço da manteiga em uma frigideira antiaderente grande. Coloque 4 colheres (sopa) generosas da massa de milho na frigideira, deixando um pouco de espaço entre cada bolinho, e frite por 2-3 minutos de cada lado, até dourar. Repita o processo, usando o restante da massa e da manteiga, até obter doze unidades.
4 Para o molho de frutas, misture todos os ingredientes em uma tigela e tempere a gosto.

TORTINHAS SABOROSAS DE MILHO

15 g de manteiga, mais um pouco para untar • 450 g de batata bolinha • 225 g de massa folhada pronta • 2 ovos • 3 colheres (sopa) de mascarpone • 4 colheres (sopa) de parmesão ralado • 150 g de milho-verde descongelado ou em lata escorrido • 1 colher (chá) de tomilho • 450 g de brócolis • sal e pimenta-do-reino moída na hora

1 Preaqueça o forno a 220°C e unte doze forminhas grandes para empadinhas.

2 Cozinhe as batatinhas em água fervente com sal por 15-20 minutos, até ficarem macias; escorra e misture com a manteiga.

3 Enquanto isso, corte doze discos de massa folhada e forre cada forminha com um deles.

4 Bata os ovos e o mascarpone em uma tigela grande até formar um creme homogêneo. Acrescente o parmesão, o milho, o tomilho e tempere. Com duas colheres, coloque o recheio nas forminhas e leve ao forno por 8-10 minutos, até a massa assar.

5 Enquanto assa as tortinhas, cozinhe os brócolis no vapor por 5 minutos, até ficarem macios. Sirva as tortinhas com as batatinhas e os brócolis .

BATATA-DOCE COM QUEIJO

Essa deliciosa refeição vegetariana é ótima para aquecer as noites geladas de inverno. Se você não encontrar o queijo taleggio, tente usar outro queijo bom para derreter, como o brie ou o camembert.

1 kg de batata-doce sem casca cortada em cubos • 600 ml de creme de leite fresco • 2 dentes de alho descascados • 2 colheres (sopa) de tomilho • 200 g de queijo taleggio (ou outro) cortado em cubos de 2 cm • sal e pimenta-do-reino moída na hora

PARA ACOMPANHAR: salada de rúcula e agrião

1 Cozinhe a batata-doce em água fervente com sal por 10-15 minutos, até ficar macia.
2 Enquanto isso, preaqueça o forno a uma temperatura alta.
3 Coloque o creme de leite em uma panela de fundo grosso e acrescente o alho, o tomilho, uma pitada de sal e de pimenta-do-reino e deixe ferver.
4 Escorra as batatas e coloque-as em uma travessa refratária. Espalhe o taleggio sobre elas e cubra com o creme de leite.
5 Tempere com um pouco mais de pimenta e asse por 3-4 minutos, até borbulhar e dourar levemente. Sirva com a salada de rúcula e agrião.

PENNE COM ABOBRINHA E UVAS-PASSAS

Você também pode servir essa massa simples polvilhada com um pouco de farinha de rosca, para ficar crocante e dourada (veja p. 80), se desejar.

450 g de penne • 2 colheres (sopa) de farinha de trigo • 2 abobrinhas cortadas em palitos • 3 colheres (sopa) de azeite • 2 dentes de alho fatiados • ½ colher (chá) de sementes de erva-doce • 2 punhados de pinholes ou nozes picadas • 150 g de uvas-passas brancas • raspas de 1 limão-siciliano • sal e pimenta-do-reino moída na hora

PARA ACOMPANHAR: salada de folhas verdes

1 Ferva água com sal em uma panela grande e cozinhe o penne por 2 minutos a menos que o tempo indicado na embalagem, até ficar quase al dente.
2 Enquanto isso, tempere a farinha com sal e pimenta. Passe as abobrinhas pela farinha até cobri-las ligeiramente.
3 Em fogo médio, aqueça o azeite em uma frigideira antiaderente grande e funda. Refogue as abobrinhas, o alho e as sementes de erva-doce por 1-2 minutos, mexendo regularmente, até as abobrinhas ficarem levemente douradas.
4 Acrescente os pinholes e as uvas-passas e refogue, mexendo, por mais 1 minuto, até os pinholes dourarem e as uvas-passas ficarem macias. Adicione as raspas de limão-siciliano e tempere a gosto.
5 Com uma escumadeira, transfira a massa para a frigideira. Cozinhe por 2 minutos, mexendo, até o penne ficar *al dente* e absorver os sabores dos outros ingredientes. Sirva com a salada de folhas verdes.

FRITTATA DE RICOTA E ERVAS

Essa frittata simples é ideal para um jantar rápido, e fica ótima servida com uma salada de tomate e folhas variadas e ciabatta com azeitonas.

9 ovos grandes levemente batidos • 30 g de manteiga • 250 g de ricota • um punhado de cebolinha finamente picada • 1 cebola pequena picadinha • sal e pimenta-do-reino moída na hora

PARA ACOMPANHAR: ciabatta com azeitonas e salada de tomate e folhas variadas

1 Preaqueça o forno a uma temperatura alta.
2 Tempere os ovos batidos com sal e pimenta. Derreta a manteiga em uma frigideira antiaderente grande e funda, com cabo refratário. Coloque os ovos na frigideira e cozinhe em fogo baixo por 10 minutos, até a base da frittata ficar firme e levemente dourada.
3 Ponha colheradas de ricota sobre a fritata e leve-a ao forno por 3-5 minutos ou até a parte de cima também ficar firme.
4 Espalhe a cebolinha e a cebola picadas sobre a frittata, corte-a em cones e sirva com fatias da ciabatta e a salada.

SOPA DE FEIJÃO-BRANCO E ABOBRINHA

Essa sopa maravilhosa e encorpada fica ainda melhor quando finalizada com um azeite extravirgem frutado.

6 colheres (sopa) de azeite extravirgem • 1 cebola pequena picada • 2 talos de salsão cortados em cubinhos • 2 dentes de alho amassados • 2 colheres (sopa) de salsinha picada • 850 g de abobrinha picada grosseiramente • 400 g de feijão-branco cozido e enxaguado • sal e pimenta-do-reino moída na hora

PARA ACOMPANHAR: baguete e queijo roquefort ou gorgonzola

1 Em fogo médio, aqueça 2 colheres (sopa) de azeite em uma panela. Refogue a cebola, o salsão, o alho e metade da salsinha por 4-5 minutos, até ficarem macios mas não dourados.
2 Acrescente a abobrinha e frite por mais 5 minutos, até ficar macia e começar a dourar.
3 Coloque 125 ml de água e o feijão. Cozinhe por 8-10 minutos, amassando o feijão com as costas de um garfo. Tempere com sal e bastante pimenta.
4 Ponha a sopa em tigelas não muito fundas, regue com o azeite e salpique o restante da salsinha. Sirva com fatias de baguete e o queijo roquefort ou gorgonzola.

CLAFOUTIS DE TOMATE-CEREJA

Esse prato saboroso é inspirado na famosa sobremesa francesa e pode ser um ótimo jantar com uma salada de rúcula e agrião.

15 g de manteiga • 4 colheres (sopa) de parmesão ralado • 300 g de tomates-cereja • 6 ovos batidos • 250 ml de creme de leite fresco • 90 g de farinha de trigo peneirada • 8 fatias de ciabatta • azeite extravirgem para regar • algumas folhas de manjericão • sal e pimenta-do-reino moída na hora

PARA ACOMPANHAR: salada de rúcula e agrião

1 Preaqueça o forno a 200°C.
2 Unte forminhas ou uma fôrma grande refratária com manteiga. Salpique 1 colher (sopa) de parmesão no fundo das fôrmas e disponha os tomates-cereja em seguida. Reserve.
3 Bata os ovos, o creme de leite e o restante do parmesão, até obter uma massa leve e macia. Acrescente a farinha. Tempere com sal e pimenta. Com cuidado, coloque essa mistura sobre os tomates. Asse por 15-20 minutos, até crescer e dourar.
4 Enquanto isso, aqueça uma frigideira grande, em fogo alto. Grelhe as fatias de ciabatta em duas levas por 4-5 minutos, virando uma vez, ou até ficarem tostadas. Regue cada fatia com o azeite.
5 Espalhe o manjericão sobre os clafoutis e sirva quente com a ciabatta e a salada de rúcula e agrião.

TRINTA MINUTOS BASTAM PARA PREPARAR PRATOS DELICIOSOS – E, CONVENHAMOS, NÃO É UM PERÍODO ENORME DO SEU DIA. ISSO PROVA QUE FAST-FOOD TAMBÉM PODE SER UMA COMIDINHA FABULOSA FEITA EM CASA. EXPERIMENTE UM BELO RISOTO DE FLOR DE ABOBRINHA OU O KEBAB DE CORDEIRO COM CUSCUZ SABOROSÍSSIMO. TENHO CERTEZA DE QUE VOCÊ VAI CONCORDAR.

REFEIÇÕES EM TRINTA MINUTOS

ASINHAS DE FRANGO COM CUSCUZ DE AMÊNDOAS

Você pode substituir as asinhas por pedaços de peito ou sobrecoxas de frango.

12 asinhas de frango pequenas • suco de 1 laranja • 1 colher (sopa) de mel • 2 colheres (chá) de pasta de curry suave • 300 g de cuscuz marroquino • 500 ml de caldo quente de legumes ou frango • um punhado generoso de lâminas de amêndoas tostadas • um punhado generoso de uvas-passas brancas • 90 g de manteiga • um punhado de salsinha picada • sal e pimenta-do-reino moída na hora

PARA ACOMPANHAR: salada de folhas com ervas

1 Preaqueça o forno a 200°C.
2 Coloque as asinhas de frango em uma assadeira e tempere com sal e pimenta. Misture o suco de laranja, o mel e a pasta de curry e despeje sobre o frango. Espalhe a mistura sobre as asinhas. Asse por 25 minutos, até ficarem totalmente cozidas e douradas.
3 Enquanto isso, ponha o cuscuz em uma fôrma refratária rasa e cubra com o caldo quente. Mexa, cubra e reserve por 4-5 minutos, até o caldo ser absorvido. Solte os grãos com um garfo, junte as amêndoas e as uvas-passas brancas, e tempere com sal e pimenta. Coloque metade da manteiga sobre o cuscuz e asse por 10 minutos ou até aquecer completamente.
4 Retire o cuscuz do forno e acrescente o restante da manteiga e a salsinha. Ponha em um prato de servir com as asinhas de frango por cima, adicionando o caldinho que ficar na assadeira. Sirva com a salada.

FRANGO ENROLADO EM PRESUNTO CRU

Esses suculentos rolinhos de frango são enriquecidos com o sabor adocicado do tomate seco e da sálvia perfumada. É melhor usar folhas pequenas de sálvia.

4 filés de peito de frango sem pele com aproximadamente 175 g cada • 8 tomates secos em azeite escorridos • 8 folhas de sálvia pequenas • 8 fatias de presunto cru • 2 colheres (sopa) de azeite • 5 colheres (sopa) de vinho branco seco • 450 g de batata bolinha • 30 g de manteiga • 450 g de ervilhas congeladas • sal e pimenta-do-reino moída na hora

1 Ponha um peito de frango entre dois pedaços de filme de PVC e bata com o martelo de carne; repita com o restante do frango. Corte cada peito ao meio, no sentido do comprimento, e tempere com sal e pimenta.
2 Coloque um tomate seco e uma folha de sálvia em uma das pontas dos pedaços do peito de frango. Enrole cada pedaço três vezes, fazendo o tomate e a sálvia ficarem dentro do rolinho. Envolva-os em uma fatia de presunto cru.
3 Em fogo médio, aqueça o azeite em uma frigideira antiaderente grande. Frite os rolinhos por 10 minutos de cada lado ou até o presunto dourar, e o frango ficar cozido. Acrescente o vinho e tempere a gosto. Cozinhe por mais 3 minutos, até o vinho reduzir.
4 Enquanto isso, cozinhe as batatinhas em uma panela com água fervente e sal por 15-20 minutos, até ficarem macias; escorra e misture metade da manteiga.
5 Cozinhe as ervilhas em água fervente por 3-4 minutos. Escorra e misture a manteiga restante. Sirva o frango com as ervilhas e as batatinhas.

PEITO DE FRANGO ASSADO COM TOMATE E MASCARPONE

Um punhado de azeitonas pretas dá a este molho aveludado de tomate um novo sabor e um atraente contraste de cores.

4 filés de peitos de frango sem pele com aproximadamente 175 g cada • 2 cebolas roxas pequenas picadas • 2 dentes de alho fatiados • 300 g de tomates-cereja cortados ao meio • 6 colheres (sopa) de vinho branco seco • 2 colheres (sopa) de azeite • 4 colheres (sopa) de mascarpone • um punhado de folhas de manjericão • sal e pimenta-do-reino moída na hora

PARA ACOMPANHAR: salada de espinafre e ciabatta

1 Preaqueça o forno a 200°C.
2 Disponha os peitos de frango em uma fôrma refratária e, sobre eles, espalhe a cebola roxa e o alho. Coloque também os tomates sobre o frango e em volta dele.
3 Despeje o vinho, regue com o azeite e tempere com sal e pimenta. Asse por 20 minutos.
4 Retire do forno e coloque colheradas de mascarpone sobre os peitos de frango e ao redor deles. Retorne a fôrma ao forno por mais 5 minutos, até o mascarpone começar a derreter. Espalhe as folhas de manjericão e sirva com a salada de espinafre e fatias da ciabatta.

FILÉ DE PEITO DE PERU COM TARATOR

O molho tarator é uma especialidade da Turquia, onde costuma ser servido com frango ou peixe grelhado. Fica ótimo com peito de peru também.

3 colheres (sopa) de farinha de trigo • 1 colher (sopa) de salsinha bem picada • 4 filés de peito de peru com aproximadamente 175 g cada • 1 ovo batido • 3 colheres (sopa) de azeite • 1,25 kg de feijão-branco cozido e enxaguado • 2 dentes de alho amassados • 4 colheres (sopa) de azeite extravirgem

MOLHO TARATOR: 2 fatias de pão de fôrma branco sem casca • 2 dentes de alho amassados • 75 g de nozes picadas • suco de ½ limão-siciliano (ou a gosto) • 5 colheres (sopa) de azeite extravirgem • sal e pimenta-do-reino moída na hora

PARA ACOMPANHAR: salada de folhas variadas

1 Para fazer o molho, coloque o pão no processador e bata para obter pedaços grandes. Acrescente o alho e as nozes e pulse até formar uma pasta. Junte o suco de limão e o azeite, tempere com sal e pimenta e bata até misturar tudo. Reserve.
2 Misture a farinha com a salsinha e tempere a gosto.
3 Passe os peitos de peru rapidamente no ovo, retire o excesso e mergulhe-os na farinha, até cobri-los.
4 Em fogo médio, aqueça o azeite em uma frigideira antiaderente grande. Frite os peitos de peru por 4 minutos de cada lado ou até cozinharem e dourarem.
5 Enquanto prepara o peru, aqueça os feijões, o alho e o azeite em uma panela, mexendo de vez em quando. Com o mixer ou processador, faça um purê com os feijões e tempere . Sirva o peru com o purê de feijão, o molho e a salada de folhas variadas.

< HAMBÚRGUER DE CARNE DE PORCO

Eles ficam mais saborosos com carne de porco de boa qualidade. Combine-os com um queijo azul de sabor intenso e molho de cebola roxa.

450 g de carne de porco moída • 1 cebola bem picada • 2 colheres (sopa) de shoyu • 120 g de roquefort, gorgonzola ou stilton fatiado • sal e pimenta-do-reino moída na hora

MOLHO DE CEBOLA ROXA: 2 colheres (sopa) de azeite • 2 cebolas roxas finamente cortadas • 2 colheres (sopa) de vinagre balsâmico • 1 colher (chá) de óleo de chilli ou azeite com pimenta-malagueta

PARA ACOMPANHAR: 4 pães de hambúrguer e salada de rúcula

1 Preaqueça uma chapa de fogão ou frigideira grande em temperatura alta.
2 Em uma tigela grande, misture a carne moída, a cebola picada, o shoyu e tempere com sal e pimenta. Modele quatro hambúrgueres.
3 Grelhe-os por 4 minutos de cada lado, até ficarem no ponto desejado. Coloque um quarto do queijo sobre cada um e deixe na frigideira até o queijo até derreter.
4 Faça o molho de cebola. Aqueça 1 colher (sopa) de azeite em uma frigideira grande em fogo alto. Refogue as fatias de cebola por 10 minutos, virando de vez em quando, até ficarem macias e bem douradas. Retire a panela do fogo e junte o vinagre balsâmico, o óleo de chilli e o restante do azeite.
5 Coloque metade de cada pão em quatro pratos. Ponha o hambúrguer e uma colherada do molho de cebola . Deixe a outra metade do pão ao lado e sirva com a salada de rúcula.

COSTELETAS EM MOLHO DE COGUMELOS

Essa receita extremamente saborosa pode ser um delicioso jantar para uma ocasião especial.

2 colheres (sopa) de azeite • 4 dentes de alho (2 fatiados e 2 amassados) • 4 costeletas de porco grossas com aproximadamente 175 g cada • 450 g de cogumelos shitake fatiados • 6 colheres (sopa) de marsala • 4 colheres (sopa) de creme de leite fresco • 1 colher (sopa) de mostarda de Dijon ou l'ancienne • um punhado de salsinha picada • 90 ml de azeite extravirgem • 600 g de abobrinha fatiada • 1,25 kg de feijão-branco cozido e enxaguado • sal e pimenta-do-reino moída na hora

1 Em fogo médio, aqueça o azeite em uma frigideira antiaderente grande. Refogue o alho fatiado por 30 segundos e acrescente as costeletas. Grelhe por 6-8 minutos, virando uma vez, até dourar. Acrescente o shitake e refogue, virando frequentemente, por mais 5 minutos.
2 Junte o marsala e cozinhe por 3 minutos, até reduzir. Adicione o creme de leite, a mostarda e a salsinha. Tempere com sal e pimenta. Cozinhe por mais 3 minutos ou até o molho engrossar e as costeletas ficarem completamente cozidas.
3 Enquanto prepara a carne de porco, aqueça 3 colheres (sopa) de azeite extravirgem em uma frigideira antiaderente grande, em fogo médio-alto. Refogue as abobrinhas por 3-4 minutos, até dourarem.
4 Coloque o feijão-branco em uma panela com o restante do azeite e o alho amassado. Aqueça bem, mexendo com frequência. Com o mixer ou processador, bata o feijão e tempere. Sirva as costeletas e o molho com o purê de feijão e as abobrinhas ao lado.

ENSOPADO DE FEIJÃO--BRANCO E LINGUIÇA

Use linguiça de boa qualidade com bastante carne e pouca gordura, e o resultado será uma delícia. Para quem gosta, a pimenta-calabresa em flocos dá um toque picante, mas você pode deixá-la de fora, se preferir.

2 colheres (sopa) de azeite • 1 cebola fatiada • 8 linguiças de boa qualidade • 400 g de tomate pelado em lata picado grosseiramente • 200 ml de caldo de carne ou frango • 1 colher (chá) de sementes de erva-doce • 1 pimenta-calabresa em flocos (opcional) • 400 g de feijão-branco cozido e enxaguado • 350 g de folhas de espinafre • um punhado de salsinha picada • sal e pimenta-do-reino moída na hora

1 Em fogo médio, aqueça o azeite em uma panela de fundo grosso. Refogue a cebola e as linguiças por 5 minutos, mexendo frequentemente, até as linguiças dourarem por completo.
2 Acrescente os tomates, o caldo, a erva-doce e a pimenta (se usar). Adicione o feijão-branco e tempere com sal e pimenta-do-reino.
3 Deixe ferver, abaixe o fogo e cozinhe por 15 minutos. Junte o espinafre e cozinhe por mais 5 minutos, até as linguiças ficarem cozidas, e o caldo reduzir e engrossar. Misture a salsinha e sirva.

TENDER COM LENTILHAS E OVOS POCHÉS

Faça uma boa redução de vinagre balsâmico, e seu sabor rico e doce combinará maravilhosamente com a simplicidade das lentilhas. Com o tender e os ovos pochés, você terá um prato saborosíssimo.

300 g de lentilhas puy ou comuns • 4 fatias de tender com aproximadamente 175 g cada uma • 5 colheres (sopa) de azeite extravirgem • um fio de vinagre de vinho branco • 4 ovos grandes • 1 cebola picada • 1 dente de alho amassado • 2 colheres (sopa) de redução de vinagre balsâmico • sal e pimenta-do-reino moída na hora

PARA ACOMPANHAR: salada de rúcula

1 Cozinhe as lentilhas em água fervente por 20-25 minutos, até ficarem macias.
2 Enquanto isso, preaqueça uma chapa de fogão ou frigideira grande, em temperatura média-alta. Pincele o tender com 1 colher (sopa) de azeite e grelhe por 2-3 minutos de cada lado, até ficar dourado.
3 Ferva água em uma panela grande e acrescente o vinagre. Abaixe o fogo. Quebre os ovos, um por vez, em um pires e deslize-os para dentro da panela com água. Rapidamente, arrume a clara em volta da gema com uma colher e cozinhe por 3 minutos, até a clara ficar cozida, mas a gema continuar mole.
4 Enquanto prepara os ovos, aqueça 2 colheres (sopa) de azeite em uma frigideira antiaderente grande, em fogo médio. Refogue a cebola e o alho por 2 minutos, até ficarem macios. Escorra as lentilhas, misture-as com a cebola e acrescente a redução de balsâmico e o restante do azeite. Tempere a gosto.
5 Sirva as lentilhas com os ovos, as fatias de tender e a salada de rúcula.

KEBAB DE CORDEIRO COM CUSCUZ

A inspiração vem de um prato chamado arrostici-ni, especialidade da região do Abruzzo, na Itália. Lá, ele é preparado com carne de carneiro adulto, mas com a de cordeiro fica igualmente gostoso. Você vai precisar de quatro espetinhos.

450 g de filés ou lombo de cordeiro sem gordura em cubos • 300 g de cuscuz marroquino • 500 ml de caldo quente de legumes ou frango • sementes de 1 romã • um punhado de pistaches sem sal e sem casca • 4 colheres (sopa) de milho-verde descongelado ou em lata escorrido • um punhado de ameixas-pretas picadas • 90 g de manteiga • um punhado de coentro ou salsinha picado • sal e pimenta-do-reino moída na hora

PARA ACOMPANHAR: salada de agrião

1 Preaqueça o forno a 200°C.
2 Coloque 6 cubos de carne de cordeiro em cada espetinho.
3 Ponha o cuscuz em uma fôrma refratária rasa e cubra com o caldo quente. Mexa, cubra e reserve por 4-5 minutos, até o caldo ser absorvido. Solte os grãos com um garfo, acrescente as sementes de romã, os pistaches, o milho e as ameixas picadas.
4 Espalhe a manteiga sobre o cuscuz e leve ao forno por 10 minutos ou até aquecer completamente. Retire do forno e acrescente o restante da manteiga e o coentro ou a salsinha. Mantenha quente.
5 Em temperatura alta, aqueça uma chapa de fogão ou frigideira. Tempere os espetinhos de cordeiro com sal e pimenta, grelhe por 5 minutos, virando com frequência, até ficarem no ponto. Sirva os kebabs com o cuscuz e a salada de agrião.

CORDEIRO GRELHADO COM CEBOLA E CANELA

Não fique tentado a colocar mais canela – você só precisa dar um toque agradável da especiaria.

450 g de filés ou lombo de cordeiro sem gordura fatiados • 2 colheres (sopa) de azeite • 1 colher (chá) de folhas de tomilho • 1,25 kg de grão-de--bico cozido e enxaguado • 2 dentes de alho picados • 3 colheres (sopa) de azeite extravirgem • sal e pimenta-do-reino moída na hora
CEBOLA COM CANELA: 2 colheres (sopa) de azeite • 3 cebolas roxas finamente picadas • 1 colher (chá) de canela em pó • 1 colher (sopa) de açúcar • 100 ml de vinho tinto • 2 colheres (sopa) de vinagre de vinho tinto

PARA ACOMPANHAR: salada de espinafre

1 Preaqueça o azeite em uma frigideira antiaderente grande, em fogo médio. Refogue as cebolas e a canela por 1 minuto, mexendo sempre. Junte o açúcar e refogue por mais 1 minuto. Coloque o vinho tinto, o vinagre de vinho tinto e 3 colheres (sopa) de água. Deixe ferver, abaixe o fogo e cozinhe por 20 minutos, mexendo regularmente, até a cebola amaciar.
2 Pincele o cordeiro com o azeite, tempere com sal e pimenta e salpique o tomilho. Em fogo médio-alto, aqueça uma frigideira grande e grelhe o cordeiro por 2 minutos de cada lado, para que a carne fique malpassada, ou como preferir.
3 Coloque o grão-de-bico em uma panela com 3 colheres (sopa) de água quente, o alho e o azeite extravirgem. Aqueça e mexa de vez em quando. Com um mixer, bata o grão-de-bico e tempere em seguida. Sirva o cordeiro com a pasta de grão-de-bico, a cebola caramelizada com canela e a salada de rúcula.

FILÉ AO MOLHO DE MARSALA

O marsala é um vinho siciliano fortificado que dá muito sabor tanto a pratos doces como a salgados. Você não precisa pagar uma fortuna por uma garrafa para usar apenas uma pequena quantidade; o melhor é ter sempre um marsala à mão.

600 g de batata descascada cortada em pedaços • 3 colheres (sopa) de leite quente • 4 colheres (sopa) de azeite • 2 cebolas finamente picadas • 4 bifes de filé-mignon com aproximadamente 175 g cada • 175 ml de marsala • 450 g de brócolis • sal e pimenta-do-reino moída na hora

1 Cozinhe as batatas em água fervente com sal por 15-20 minutos, até ficarem macias. Escorra e passe no espremedor. Volte à panela, acrescente o leite quente e 1 colher (sopa) de azeite e misture até ficar homogêneo. Mantenha aquecido.

2 Enquanto isso, coloque 2 colheres (sopa) de azeite em uma frigideira antiaderente grande, em fogo médio. Refogue a cebols por 10 minutos, mexendo regularmente, até ficar macia e dourada.

3 Em fogo alto, aqueça uma frigideira grande. Pincele os filés com o restante do azeite, tempere com sal e pimenta e grelhe por 2-3 minutos de cada lado para ficarem malpassados.

4 Acrescente a cebola dourada à panela e, em seguida, o marsala. Mexa. Deixe cozinhar por 2-3 minutos, até o marsala reduzir e engrossar, e as cebolas ficarem transparentes.

5 Enquanto prepara os filés, cozinhe os brócolis em água com sal por 4-5 minutos, até ficarem macios; escorra. Sirva os filés com o molho, o purê de batatas e os brócolis.

ALMÔNDEGAS ASSADAS COM LIMÃO-SICILIANO E LOURO >

Essas almôndegas saborosas são assadas em vinho branco com pedaços de limão-siciliano e folhas de louro. Se preferir, pode usar carne de porco de boa qualidade no lugar da vitela.

450 g de carne de vitela moída • 100 g de parmesão ralado • 1 colher (chá) de orégano • 6 folhas de sálvia bem picadas • 2 colheres (sopa) de azeite • 150 ml de vinho branco seco • 1 limão-siciliano cortado em gomos • 6 folhas de louro • 450 g de espaguete • sal e pimenta-do-reino moída na hora

PARA ACOMPANHAR: salada de folhas verdes

1 Preaqueça o forno a 220°C.

2 Coloque a carne em uma tigela com o parmesão e as ervas. Tempere com sal e pimenta e modele bolas mais ou menos do tamanho de uma noz.

3 Em fogo alto, aqueça o azeite em uma frigideira antiaderente grande. Frite as almôndegas por 3-4 minutos, virando de vez em quando, até ficarem douradas.

4 Passe as almôndegas para uma travessa refratária e despeje o vinho. Espalhe os pedaços de limão-siciliano e o louro sobre elas e asse por 20 minutos, até as almôndegas ficarem totalmente cozidas.

5 Enquanto isso, prepare o espaguete. Ferva água com sal em uma panela e cozinhe a massa por 10 minutos ou até ficar al dente; escorra e misture com as almôndegas e o molho que estiver no refratário. Transfira tudo para uma travessa e sirva.

< HADOQUE GRATINADO

As batatas e o espinafre podem ser substituídos por uma salada simples e baguete para acompanhar esse cremoso gratinado de peixe.

450 g de batata bolinha • 55 g de manteiga • 1 kg de hadoque defumado • 1 folha de louro • 300 ml de leite • 2 colheres (sopa) de farinha de trigo • 150 ml de creme de leite fresco • 2 colheres (chá) de mostarda de Dijon ou à l'ancienne • 2 gemas • 4 colheres (sopa) de parmesão ralado • 1 kg de folhas de espinafre lavadas • pimenta-do-reino moída na hora

1 Preaqueça o forno a 200°C.
2 Cozinhe as batatinhas em água fervente por 15 minutos ou até ficarem macias. Escorra, misture com 1 colher (sopa) de manteiga e mantenha aquecidas.
3 Enquanto isso, coloque o hadoque em uma frigideira funda com o louro e o leite. Cozinhe por 5 minutos em fogo médio-baixo até o peixe começar a ficar opaco. Retire da panela. Verifique se há espinhas, remova a pele e desfie em pedaços grandes. Transfira para uma travessa refratária. Coe o leite e reserve.
4 Em fogo médio, derreta 2 colheres (sopa) de manteiga em uma panela. Acrescente a farinha e frite, mexendo sem parar por 3 minutos. Aos poucos, junte o leite reservado e cozinhe, mexendo por 2 minutos ou até engrossar. Adicione o creme de leite, a mostarda e as gemas e tempere com sal e pimenta. Ponha metade do parmesão, mexa e coloque o molho sobre o peixe. Salpique o restante do parmesão e asse por 10 minutos, até dourar.
5 Ao mesmo tempo, cozinhe o espinafre por 2-3 minutos, até murchar. Escorra e misture com o restante da manteiga. Sirva o peixe com as batatinhas e o espinafre.

SALMÃO EN CROÛTES

Porções individuais de salmão embrulhadas em massa filo com molho de agrião... deliciosas.

450 g de filés de salmão cortados em cubinhos de 1 cm • 1 colher (chá) de suco de limão-siciliano • 3 pedaços de gengibre em conserva bem picados • 2 colheres (sopa) de uvas-passas • 1 colher (sopa) de folhas de coentro picadas • 90 g de manteiga derretida • folhas de massa filo de 8 x 20 cm • 300 ml de creme de leite • um punhado grande de agrião • 1 colher (sopa) de mostarda de Dijon • 800 g de feijão-branco cozido e enxaguado • 2 colheres (sopa) de azeite extravirgem • um punhado pequeno de salsinha picada • sal e pimenta-do-reino moída na hora

1 Preaqueça o forno a 200°C.
2 Ponha o salmão em uma tigela. Acrescente o suco de limão, o gengibre, as uvas-passas, o coentro e 4 colheres (sopa) da manteiga derretida. Tempere com sal e pimenta.
3 Coloque uma das folhas de massa em uma superfície limpa e pincele suavemente com um pouco do restante da manteiga derretida. Cubra com outra folha. Ponha uma colherada do recheio de salmão no centro, dobre para formar um pacotinho quadrado. Repita o processo com outros três pacotinhos.
4 Transfira-os para uma assadeira antiaderente com a emenda para baixo e pincele com manteiga. Asse por 10 minutos ou até dourar.
5 Enquanto isso, aqueça ligeiramente o creme de leite e bata com o agrião no processador ou liquidificador até obter uma massa homogênea. Acrescente a mostarda e tempere a gosto.
6 Coloque o feijão em uma panela com azeite. Aqueça bem, mexendo de vez em quando, e acrescente a salsinha. Sirva os pacotinhos de salmão com o feijão e o molho de agrião com creme de leite.

BOLINHOS DE CARANGUEJO

Faça um molho de manga adaptando-o ao que estiver disponível – um pouco de pimenta-dedo-de-moça fresca vai bem.

200 g de milho descongelado ou em lata escorrido • 1 colher (sopa) de farinha de trigo • 1 ovo batido • 300 g de carne de caranguejo limpa • um punhado de salsinha picada • 3-4 colheres (sopa) de azeite • óleo de girassol para fritar • 12 massinhas de wonton

MOLHO DE MANGA: 1 cebola pequena finamente picada • 1 pimentão vermelho e 1 amarelo sem sementes em cubinhos • 1 abacate maduro e firme em cubinhos • 1 manga madura e firme em cubinhos • 4 tomates sem sementes em cubinhos • suco e raspas de 2 limões • um punhado grande de folhas de coentro picadas • sal e pimenta-do-reino moída na hora

1 Para o molho, misture todos os ingredientes em uma tigela. Tempere com sal e pimenta. Reserve.
2 Para os bolinhos de caranguejo, coloque o milho, a farinha e os ovos em uma tigela e misture bem. Junte, delicadamente, o caranguejo e a salsinha e tempere.
3 Em fogo médio, aqueça o azeite em uma frigideira antiaderente grande. Coloque, separadamente, 4 colheres (sopa) generosas da massa de caranguejo na frigideira, deixando um pequeno espaço entre os bolinhos. Frite por 2-3 minutos de cada lado até dourar. Escorra em papel-toalha, mantenha os bolinhos aquecidos e repita o processo para fazer doze bolinhos.
4 Aqueça o óleo de girassol em um wok ou uma frigideira funda e grande para fritar os wontons por imersão. Quando ele estiver bem quente, frite as massinhas de wontons por 30 segundos, até ficarem douradas e crocantes. Escorra em papel-toalha. Sirva imediatamente com os bolinhos e o molho.

ROBALO ASSADO COM BATATAS E ALHO >

Esse prato fica melhor com filés de peixe de tamanho grande, mas se você só encontrar pequenos, sirva 2 por pessoa e use uma assadeira maior.

6 colheres (sopa) de azeite • 650 g de batatas descascadas cortadas em pedaços de 2-3 cm • 4 dentes de alho grandes descascados • 4 filés de robalo com aproximadamente 250 g cada • 2 limões-sicilianos em gomos • 250 g de ervilhas-tortas • sal e pimenta-do-reino moída na hora

1 Em fogo alto, aqueça 4 colheres (sopa) de azeite em uma frigideira antiaderente grande. Acrescente as batatas e o alho, mexa bem para untá-los com o óleo, abaixe o fogo para médio-baixo e tampe. Cozinhe por 20 minutos até ficarem macios e dourados, agitando a frigideira de vez em quando para não grudar. Escorra em papel-toalha, tempere com sal e mantenha aquecido.
2 Enquanto isso, preaqueça o forno a 200°C.
3 Coloque os filés em uma assadeira e regue com o restante do azeite. Esprema metade dos gomos de limão sobre o peixe e espalhe a outra metade na assadeira. Tempere a gosto e asse por 10 minutos ou até ficar cozido.
4 Cozinhe as ervilhas-tortas no vapor por 3-4 minutos, até ficarem macias. Sirva o peixe com as batatas, o alho e as ervilhas-tortas.

< TAGINE DE FRUTOS DO MAR

Escolha frutos do mar variados. Mexilhões são fundamentais por causa do líquido saboroso que soltam no caldinho.

6 colheres (sopa) de azeite extravirgem • 1 pimentão vermelho sem sementes bem picado • uma pitada de açafrão em pó • um pedaço de 2 cm de gengibre fresco descascado e ralado • 600 g de tomate maduro sem sementes bem picado • 150 ml de vinho branco seco • 1,5 kg de pedaços de peixes brancos e frutos do mar variados limpos • 300 g de cuscuz marroquino • 500 ml de caldo quente de legumes • 30 g de manteiga • um punhado pequeno de salsinha picada• sal e pimenta-do-reino moída na hora

PARA ACOMPANHAR: pão italiano e salada verde

1 Em fogo baixo, aqueça o azeite numa panela grande para saltear. Acrescente o pimentão, o açafrão, o gengibre e o tomate e cozinhe por cerca de 10 minutos, mexendo de vez em quando, até o pimentão e os tomates ficarem macios e começarem a se desfazer.
2 Despeje o vinho, tempere com sal e pimenta e acrescente os frutos do mar (menos as lulas e os pedaços de peixe). Tampe e cozinhe por 2 minutos.
3 Adicione a lula e os pedaços de peixes nesse momento. Cozinhe por mais 5 minutos ou até os peixes ficarem cozidos.
4 Enquanto isso, coloque o cuscuz em uma tigela e cubra com o caldo quente. Mexa, tampe e reserve por 5-6 minutos, até o caldo ser absorvido. Solte os grãos com um garfo e misture a manteiga.
5 Salpique a salsinha e sirva com o cuscuz, o pão para molhar no caldinho e a salada verde.

BOLINHOS DE ATUM

Um molho de tomate e alcaparras é o acompanhamento perfeito para esses bolinhos simples, que também ficam excelentes com ketchup.

500 g de atum em conserva • 1 colher (sopa) de azeite extravirgem • 2 fatias grossas de pão de fôrma branco sem casca • 1 ovo levemente batido • 150 g de parmesão ralado • 4 colheres (sopa) de azeite • 300 g de ervilhas congeladas • sal e pimenta-do-reino moída na hora

MOLHO DE TOMATE E ALCAPARRAS: 3 colheres (sopa) de azeite • 1 cebola bem picada • 2 dentes de alho amassados • 400 g de tomate pelado em lata cortado em pedaços grandes • 2 colheres (chá) de açúcar • 1 colher (sopa) de alcaparras dessalgadas e escorridas • um punhado pequeno de folhas de manjericão rasgadas

1 Em fogo baixo, aqueça o azeite em uma panela, para fazer o molho. Refogue a cebola e o alho por 5 minutos, até ficarem macios. Acrescente o tomate e o açúcar e tempere com sal e pimenta. Quando ferver, abaixe o fogo e cozinhe por 10-15 minutos, até reduzir e engrossar. Junte as alcaparras e o manjericão e deixe no fogo por mais 5 minutos.
2 Enquanto isso, coloque o atum e o azeite em uma tigela grande e desmanche com um garfo. Bata o pão no processador até obter uma farinha fina. Misture o atum com a farinha. Junte o ovo e o queijo e tempere com sal e pimenta. Modele oito bolinhos, como pequenos hambúrgueres.
3 Em fogo médio, aqueça o azeite em uma frigideira antiaderente grande. Frite os bolinhos por 4-5 minutos, virando uma vez, até dourar. Escorra em papel-toalha.
4 Cozinhe as ervilhas em água fervente por 3-4 minutos; escorra. Sirva os bolinhos com as ervilhas e o molho de tomate e alcaparras.

BOLINHOS DE FEIJÃO COM MOLHO PICANTE

Essa receita é do tipo rápido e fácil de fazer. Tanto os vegetarianos como os fãs de carne vão apreciar.

800 g de feijão-branco cozido e enxaguado • 2 dentes de alho amassados • 5 colheres (sopa) de parmesão ralado • 3 colheres (sopa) de ketchup • 100 g de farinha de rosca • 3 colheres (sopa) de azeite • sal e pimenta-do-reino moída na hora
MOLHO PICANTE DE LIMÃO: 6 colheres (sopa) de molho de chilli • suco de 1 limão

PARA ACOMPANHAR: baguete e salada de espinafre, rúcula e agrião.

1 Para fazer o molho, misture o molho de chilli e o suco de limão em uma tigela pequena e reserve.
2 Coloque o feijão em uma tigela grande com o alho, o parmesão, o ketchup e a farinha de rosca. Com um mixer, bata os ingredientes até formar um purê grumoso ou amasse tudo com um garfo, caso queira que os bolinhos tenham uma textura um pouco mais granulada. Tempere com sal e pimenta. Modele bolinhos pequenos e achatados com aproximadamente 3 cm de diâmetro.
3 Em fogo médio, aqueça o azeite em uma frigideira antiaderente grande. Frite os bolinhos por 2-3 minutos de cada lado, até ficarem dourados e crocantes. (Talvez seja preciso fazer isso em duas levas.) Escorra em papel-toalha e mantenha aquecidos.
4 Sirva os bolinhos com o molho picante, fatias da baguete e a salada de espinafre, rúcula e agrião.

COGUMELOS CREMOSOS COM POLENTA

Cogumelos-de-paris frescos e graúdos ficam ótimos nessa receita. Ela também combina muito bem com cogumelos shitake e shimeji.

3 colheres (sopa) de azeite • 2 cebolas roxas pequenas finamente picadas • 2 dentes de alho amassados • 1 kg de cogumelos-de-paris frescos, inteiros e limpos • 100 ml de marsala • 200 ml de creme de leite fresco • 2 colheres (sopa) de mostarda de Dijon • um punhado pequeno de estragão bem picado ou 2 colheres (chá) de estragão seco • 450 g de brócolis • sal e pimenta-do-reino moída na hora
POLENTA: 1 litro de caldo de legumes • 250 g de polenta instantânea • 100 g de parmesão ralado • 2 colheres (chá) de grãos de pimenta-do-reino moídos grosseiramente • 30 g de manteiga

1 Ferva o caldo em uma panela. Acrescente a polenta instantânea em um fluxo constante, mexendo continuamente com um batedor manual. Deixe ferver, abaixe o fogo e cozinhe por 6-8 minutos, até engrossar.
2 Mexendo com uma colher, acrescente o parmesão, a pimenta e a manteiga. Experimente e ajuste o sal, se necessário. Mantenha aquecida.
3 Em fogo médio, aqueça o azeite em uma panela grande. Refogue as cebolas roxas e o alho por 2 minutos ou até amaciarem. Junte os cogumelos e cozinhe por mais 2 minutos, mexendo frequentemente. Adicione o marsala e ferva ligeiramente até reduzir. Abaixe um pouco o fogo, misture o creme de leite, a mostarda e o estragão até aquecer bem; tempere.
4 Enquanto isso, cozinhe os brócolis no vapor por 5 minutos, até ficar macio. Sirva os cogumelos sobre a polenta acompanhada pelos brócolis.

TARTE TATIN DE TOMATE

Para essa torta de verão, é importante contar com um forno bem quente a fim de garantir que a massa seja assada e fique dourada por completo. Eu sugiro servi-la com uma salada de rúcula e lâminas de parmesão, e você também pode salpicar um pouco de pinholes, se quiser.

450 g de batata bolinha • 15 g de manteiga • 600 g de tomate-cereja cortado ao meio • 3 colheres (sopa) de azeite • ½ colher (chá) de açúcar • 1 colher (sopa) de folhas de tomilho • 250 g de massa folhada pronta • sal e pimenta-do-reino moída na hora

PARA ACOMPANHAR: salada de rúcula com lâminas de parmesão

1 Preaqueça o forno a 220°C.
2 Cozinhe as batatinhas em água fervente com sal por cerca de 15-20 minutos ou até ficarem macias. Escorra e misture com a manteiga.
3 Enquanto isso, disponha os tomates com a parte cortada para cima na base de uma fôrma desmontável de 20 cm ou de uma fôrma redonda de bolo de 4 cm de altura. Regue os tomates com o azeite, polvilhe o açúcar e o tomilho e tempere com sal e pimenta. Asse por 5 minutos ou até começarem a ficar macios.
4 Corte a massa de modo a caber na fôrma, deixando 2 cm a mais em todo o contorno. Coloque a massa cuidadosamente sobre os tomates e dobre os 2 cm de excesso para dentro, fazendo uma borda. Asse por 15 minutos ou até a massa crescer e dourar.
5 Retire a torta do forno e, com cuidado, vire-a sobre um prato. Sirva quente com as batatinhas e a salada de rúcula com lâminas de parmesão (feitas com o descascador de legumes).

STRUDEL DE TOMATE, RICOTA E ESPINAFRE

Aqui, a combinação clássica de ricota e espinafre é envolta pela leve e crocante massa filo.

2 colheres (sopa) de azeite • 1 dente de alho picado • 1 cebola grande picada • 500 g de tomate sem sementes cortado em quatro • 450 g de folhas de espinafre lavadas • 250 g de ricota • 4 folhas de massa filo com aproximadamente 25 x 30 cm cada • 40 g de manteiga derretida • sal e pimenta-do-reino moída na hora

PARA ACOMPANHAR: salada de agrião

1 Preaqueça o forno a 220°C.
2 Em fogo médio, aqueça o azeite em uma panela grande. Refogue o alho e a cebola por 3 minutos, até ficarem macios. Acrescente os tomates e refogue por mais 3 minutos, até começarem a desmanchar.
3 Em uma panela separada, coloque o espinafre só com a água que sobrou das folhas lavadas. Cozinhe por 2 minutos, em fogo brando, até murchar. Escorra, retire qualquer excesso de água e pique. Junte o espinafre ao tomate cozido e acrescente a ricota. Tempere com sal e pimenta e misture bem.
4 Coloque uma folha de massa em uma superfície limpa e pincele com um pouco de manteiga derretida. Ponha outra folha sobre a primeira e pincele mais manteiga. Repita com o restante das folhas, passando manteiga em cada camada. Espalhe a mistura de espinafre no meio da massa e dobre todos os lados para dentro, formando um "pacote" retangular.
5 Com cuidado, leve o strudel a uma fôrma antiaderente com a emenda para baixo. Pincele o restante da manteiga e asse por 15 minutos, até ficar crocante e dourado. Sirva com a salada de agrião.

RISOTO DE ERVILHAS COM MASCARPONE

Esse é um prato irresistível. Para quem não é vegetariano, um pouco de bacon picadinho crocante por cima, na hora de servir, dá um toque especial.

3 colheres (sopa) de azeite • 1 cebola finamente picada • 1 colher (sopa) de alecrim fresco picado • 225 g de arroz arbóreo • 300 ml de vinho branco seco • 750 ml de caldo quente de legumes • 250 g de ervilhas descongeladas • 55 g de parmesão ralado • 5 colheres (sopa) de mascarpone • sal e pimenta-do-reino moída na hora

PARA ACOMPANHAR: salada de rúcula, espinafre e agrião

1 Em fogo baixo, aqueça o azeite em uma panela grande. Refogue a cebola e o alecrim por 2-3 minutos, até a cebola ficar macia, mas não dourada. Acrescente o arroz e mexa por 2-3 minutos, até ficar brilhante e envolto pelo azeite. Adicione o vinho e deixe ferver por 30 segundos.

2 Mantenha o caldo de legumes quente em fogo baixo. Coloque uma concha cheia de caldo sobre o arroz e cozinhe em fogo médio-baixo por 2-3 minutos, mexendo continuamente, até o caldo ser absorvido. Continue colocando o caldo, um pouco por vez, até ser absorvido, e o arroz ficar macio, com consistência al dente. Isso leva 20-25 minutos. Cerca de 5 minutos antes de o arroz ficar pronto, acrescente as ervilhas e aqueça por completo. Retire do fogo.

3 Acrescente o parmesão e tempere com sal e pimenta. Misture o mascarpone delicadamente. Sirva com a salada de rúcula, espinafre e agrião.

RISOTO DE FLOR DE ABOBRINHA >

Fique atento ao açafrão – se você colocar muito, ele vai mascarar o sabor delicado das flores de abobrinha.

3 colheres (sopa) de azeite • 1 cebola bem picada • uma pitada de açafrão • 225 g de arroz arbóreo • 300 ml de vinho branco seco • 750 ml de caldo quente de legumes • 55 g de parmesão ralado • dois punhados de flores de abobrinha • 5 colheres (sopa) de mascarpone • sal e pimenta-do-reino moída na hora

PARA ACOMPANHAR: salada de abobrinha e suas flores com ervas

1 Em fogo baixo, aqueça o azeite em uma panela grande. Refogue a cebola e o açafrão por 2-3 minutos, até a cebola ficar macia, mas não dourada. Acrescente o arroz e mexa por 2-3 minutos, até ficar brilhante e envolto pelo azeite. Adicione o vinho e deixe ferver por 30 segundos.

2 Mantenha o caldo de legumes quente em fogo baixo. Coloque uma concha cheia de caldo sobre o arroz e cozinhe em fogo médio-baixo por 2-3 minutos, mexendo continuamente, até o caldo ser absorvido. Siga colocando o caldo um pouco de cada vez, até ser absorvido, e o arroz ficar macio, mas ainda com consistência al dente. Isso demora 20-25 minutos.

3 Retire do fogo, junte o parmesão e tempere com sal e pimenta. Adicione as flores de abobrinha e o mascarpone e misture delicadamente. Sirva com a salada de abobrinha e suas flores com ervas.

CURRY DE LEGUMES E ARROZ COM COCO

Esse curry saboroso combina muito bem com chutney de manga e torrada de poppadom (pão indiano).

2 colheres (sopa) de azeite • 1 cebola picada • 2 dentes de alho picados • 1 colher (sopa) de pasta de curry ou curry em pó suave • 2 cenouras picadas • 2 mandioquinhas picadas • 2 batatas sem casca cortadas em cubos de 2 cm • 2 abobrinhas picadas • um punhado de buquês pequenos de couve-flor • 300 ml de caldo de legumes • 250 g de arroz basmati • 400 ml de leite de coco • um punhado de uvas-passas brancas • 2 colheres (sopa) de chutney de manga • um punhado de amêndoas em lâminas tostadas • 4 poppadoms em tiras torrados • sal e pimenta-do-reino moída na hora

1 Em temperatura média, aqueça o azeite em uma panela grande. Refogue a cebola e o alho por 2 minutos e junte a pasta ou o pó de curry. Acrescente os legumes e despeje o caldo. Deixe levantar fervura, abaixe o fogo, tampe e cozinhe por 15-20 minutos, ou até os legumes ficarem macios.
2 Coloque o arroz, o leite de coco e 200 ml de água a uma panela média. Deixe levantar fervura, abaixe o fogo, tampe e cozinhe por 15 minutos, até o arroz cozinhar, e a água ser absorvida. Reserve, tampado, até a hora de servir.
3 Retire os legumes e separe o caldo. Devolva dois terços dos legumes à panela. Com um mixer, bata os restantes, adicionando caldo suficiente para obter um molho.
4 Delicadamente, misture o molho de legumes, as uvas-passas e o chutney de manga ao curry. Tempere com sal e pimenta-do-reino, e aqueça levemente. Sirva o curry com as amêndoas sobre o arroz e torradas de poppadom.

CINCO DEZ QUINZE VINTE VINTE E CINCO TRINTA MINUTOS

SOPA DE MANDIOQUINHA COM CURRY

Os mixers, ótimos para bater sopas, são bem mais fáceis de lavar que os processadores e os liquidificadores. Tente também fazer essa receita com cenoura no lugar da mandioquinha e acerte a quantidade de pasta de curry ao seu paladar.

4 colheres (sopa) de azeite • 1 cebola picada • 2 colheres (chá) de pasta ou pó de curry suave (ou a gosto) • 700 g de mandioquinha cortada em pedaços • 1,2 litro de caldo de legumes • 400 g de grão-de-bico cozido e enxaguado • 150 ml de creme de leite fresco • um punhado de salsinha picada • sal e pimenta-do-reino moída na hora

PARA ACOMPANHAR: baguete e queijo de cabra

1 Em fogo médio, aqueça 3 colheres (sopa) de azeite em uma panela grande. Refogue a cebola por 2-3 minutos, até ficar macia. Misture a pasta de curry, adicione a mandioquinha e cozinhe por mais 2-3 minutos.
2 Acrescente o caldo de legumes. Deixe levantar fervura, abaixe o fogo e cozinhe por 20 minutos ou até a mandioquinha ficar macia.
3 Enquanto isso, aqueça o restante do azeite em uma frigideira antiaderente grande, em fogo médio. Refogue o grão-de-bico, mexendo de vez em quando, por 8-10 minutos, até ficar dourado e levemente crocante. Reserve até o momento de servir.
4 Com um mixer, bata a mandioquinha até obter um purê homogêneo. Junte o creme de leite e a salsinha, tempere com sal e pimenta-do-reino e aqueça. Para finalizar, distribua os grãos-de-bico sobre cada prato de sopa e sirva com fatias da baguete e o queijo de cabra.

LENTILHAS APIMENTADAS

O leite de coco oferece uma textura cremosa deliciosa a esse prato simples com lentilhas. Você pode usar lentilhas vermelhas, as verdes puy ou a comum, que também ficará excelente.

1 colher (sopa) de cominho em grãos • 1 colher (sopa) de coentro em grãos • 2 colheres (chá) de gengibre em pó • 2 colheres (sopa) de azeite • 1 cebola picada • 2 cenouras picadas • 1 batata-doce pequena descascada e picada • 400 g de lentilhas secas • 400 g de tomate pelado em lata escorrido e picado grosseiramente • 900 ml de caldo de legumes • 1 colher (chá) de açúcar mascavo • 5 colheres (sopa) de leite de coco • um punhado de salsinha picada • sal e pimenta-do-reino moída na hora

PARA ACOMPANHAR: pão sírio ou naan

1 Coloque as especiarias em uma panela grande e toste em fogo médio por 1-2 minutos, mexendo até liberarem o aroma.
2 Adicione o azeite e a cebola. Refogue por 2 minutos, mexendo até ficar macia. Acrescente as cenouras, a batata-doce, as lentilhas e os tomates.
3 Despeje o caldo, adicione o açúcar e tempere com sal e pimenta-do-reino. Deixe levantar fervura, abaixe o fogo e cozinhe por 20 minutos, até os legumes e a lentilha ficarem macios.
4 Misture o leite de coco e a salsinha e cozinhe por mais 1 minuto. Sirva com o pão sírio ou naan.

COZIDO DE BATATA, ACELGA E VAGEM

Deliciosa e simples, essa é uma ótima opção de prato principal. Quem não é vegetariano pode finalizar o prato com fatias de pancetta crocante, mas o sabor é muito bom mesmo sem esse toque.

5 colheres (sopa) de azeite • 1 dente de alho fatiado • 1 cebola picada • 800 g de batata descascada cortada em cubos • 600 g de vagem cortada em pedaços de 2,5 cm • 1 kg de acelga picada • 8 fatias de ciabatta de azeitonas • 150 g de queijo de cabra macio • sal e pimenta-do-reino moída na hora

1 Em fogo médio, aqueça 3 colheres (sopa) de azeite em uma panela antiaderente grande e funda. Refogue o alho e a cebola por 2 minutos, acrescente as batata, a vagem, a acelga e 125 ml de água. Tempere com sal e pimenta-do-reino.
2 Deixe levantar fervura, abaixe o fogo, tampe e cozinhe em fogo brando por 20 minutos, até os legumes ficarem macios, e a água ter sido absorvida.
3 Enquanto isso, preaqueça uma chapa de fogão ou frigideira em temperatura alta. Grelhe a ciabatta até ficar levemente tostada. Despeje o restante do azeite sobre a torrada e finalize cada fatia com uma colher de queijo de cabra; tempere com pimenta. Sirva as torradas de queijo de cabra com o cozido e um fio de azeite.

TORTA DE ALCACHOFRA, PINHOLES E PARMESÃO

A massa folhada é uma ótima base para tortas, mas leva horas para ser feita. Felizmente, hoje há opções prontas congeladas, e seria um desperdício não aproveitá-las.

450 g de batata bolinha • 30 g de manteiga • 250 g de massa folhada pronta • 300 g de fundos de alcachofras em conserva escorridos • 250 ml de mascarpone • 4 ovos • 150 g de parmesão ralado • 1 colher (sopa) de pinholes tostados • sal e pimenta-do-reino moída na hora

PARA ACOMPANHAR: salada de folhas variadas

1 Preaqueça o forno a 220°C.
2 Coloque as batatinhas em uma panela e cubra-as até a metade com água. Tempere com um pouco de sal, acrescente a manteiga e tampe. Cozinhe por 20-25 minutos em fogo médio, mexendo de vez em quando para não grudar, até as batatas ficarem macias.
3 Enquanto isso, forre uma assadeira antiaderente (desmontável) de 23 cm com a massa folhada. Disponha as alcachofras homogeneamente sobre a base da massa. Bata os ovos e o mascarpone até obter uma mistura homogênea. Junte o parmesão e tempere com sal e pimenta.
4 Coloque o creme de mascarpone sobre as alcachofras que estão na fôrma e salpique os pinholes. Asse por 20 minutos ou até crescer e dourar. Sirva a torta com as batatinhas e a salada de folhas variadas.

BERINJELAS ASSADAS COM MUÇARELA >

Essa receita fica deliciosa com tofu em vez de muçarela, o que faz dela um prato excelente para veganos e pessoas com alergia a derivados de leite.

2 berinjelas pequenas cortadas em 8 fatias longas • 6 colheres (sopa) de azeite • 8 tomates sem sementes picados • 1 pimenta-malagueta seca amassada • 250 g de muçarela em cubinhos • 100 g de nozes picadas grosseiramente • um punhado de salsinha picada • sal e pimenta-do-reino moída na hora

PARA ACOMPANHAR: ciabatta e salada de agrião

1 Preaqueça o forno a 200°C.
2 Em fogo alto, aqueça uma frigideira grande ou chapa de fogão. Pincele as fatias de berinjela com dois terços do azeite e grelhe por 5 minutos, virando uma vez, até ficarem macias e douradas. (Talvez seja preciso fazer isso em duas levas.)
3 Enquanto isso, aqueça o restante do azeite em uma frigideira antiaderente grande, em fogo médio. Acrescente os tomates e a pimenta-malagueta, tempere com sal e pimenta-de-reino e frite por 2-3 minutos, até ficarem macios.
4 Coloque metade das fatias de berinjela em uma assadeira ou refratário e espalhe a mistura de tomate sobre elas. Salpique a muçarela e faça uma segunda camada com as fatias de berinjela para criar um efeito de "sanduíche".
5 Espalhe o restante da mistura de tomate e salpique as nozes e a salsinha sobre a segunda camada. Asse por 6-8 minutos, até aquecer por completo e a muçarela começar a derreter. Sirva com a ciabatta e a salada de agrião.

ÍNDICE